LOCUS

LOCUS

LOCUS

LOCUS

Smile, please

smile 170
你都沒在聽：
科技讓交談愈來愈容易，人卻愈來愈不會聆聽。
聆聽不但給別人慰藉，也給自己出路
作者：凱特．墨菲（Kate Murphy）
譯者：謝佩妏
責任編輯：潘乃慧
封面設計：Bianco Tsai
校對：呂佳真
出版者：大塊文化出版股份有限公司
www.locuspublishing.com
105022 台北市南京東路四段 25 號 11 樓
讀者服務專線：0800-006689
TEL：(02) 87123898　FAX：(02)87123897
郵撥帳號：18955675
戶名：大塊文化出版股份有限公司
法律顧問：董安丹律師、顧慕堯律師

總經銷：大和書報圖書股份有限公司
地址：新北市新莊區五工五路 2 號
TEL：(02) 89902588　FAX：(02) 22901658
初版一刷：2020 年 10 月
初版三刷：2020 年 11 月

定價：新台幣 320 元
Printed in Taiwan

你都沒在聽

You're Not Listening

What You're Missing and Why it Matters

科技讓交談愈來愈容易，人卻愈來愈不會聆聽。
聆聽不但給別人慰藉，也給自己出路。

Kate Murphy

凱特・墨菲 著　　謝佩妏 譯

獻給曾經被誤解和覺得被誤解的人

目錄

前言

你上一次傾聽別人說話是什麼時候？而且是**真正的**傾聽，不去想接下來要說什麼、不低頭瞄手機、不急著發表意見。上一次有人**真正的**傾聽你說話又是什麼時候？認真聽你要表達的事，給的回應一針見血，讓你覺得自己真正被理解。

現代生活鼓勵我們要傾聽自己的內心、傾聽內在的聲音、傾聽直覺，卻很少鼓勵我們仔細、用心地傾聽他人。於是我們在雞尾酒會、工作會議上，甚至跟家人吃晚餐時，進行著一場又一場充耳不聞、雞同鴨講的對話，一心想要主導對話，而不是聽對方怎麼說。無論是在網路上或與人面對面，重點都在定義自己、描述自己，以及傳達自己的論點。於是，你投射了什麼成了價值所在，而不是你吸收了什麼。

然而，傾聽的重要性絕對不遜於表達。因為缺乏傾聽而引發戰爭、傾家蕩產、友誼破碎的例子所在多有。美國總統卡爾文・柯立芝（Calvin Coolidge）說過一句名言：「從來沒有人因為傾聽過頭而丟了工作。」[1]藉由傾聽，我們才能參與融入、理解他人、跟人聯繫、同理他人，並且成為一個成熟的人。成功的關係都少不了傾聽，於公於私皆然，政治領域也不例外。古希臘哲學家愛比克泰德（Epictetus）有言：「大自然給人類一張嘴、兩隻耳朵，無非是要我們多聽少說。」[2]

由此可見，高中和大學有辯論社和教學生如何表達和說服的課，卻很少開教學生用心傾聽的課，這著實教人費解。你可以拿到口語傳播的博士學位，加入國際演講學會（Toastmasters）之類的社團精進演講技巧，卻沒有類似的學會或課程鼓勵人多傾聽並強調傾聽的重要。現代人對功成名就的想像，少不了麥克風和舞台，不然就是站在講台上發表演說。發表TED演說或畢業演說，就是夢想成真。

社群媒體給了每個人虛擬的麥克風，讓我們暢所欲言，還能過濾掉與我們相反的意見。大家漸漸覺得打電話會打擾別人，也不太用語音信箱，寧可互傳訊息或表情貼圖。就算在聽什麼，也很可能是戴著耳機，安全地躲在自己編排的聲音泡泡裡，在周圍築起高牆，耳朵裡的音樂就是自己為生活這齣電影挑選的配樂。

結果是疏離感和空虛感日漸蔓延，讓人滑手機滑得更凶。電子產品讓我們的腦袋隨時有事可忙，卻極少給它養分，更不用說培養情感的深度。畢竟情感的深度需要身心跟另一個聲音共鳴才能達成。而真正的傾聽，就是身體、心靈、理性、感性被另一個人的敘述給打動。

這本書除了讚揚傾聽的強大力量，也哀悼我們的文化似乎逐漸失去了傾聽的美德。身為記者，我採訪過各式各樣的人，從諾貝爾獎得主到街頭遊民都有。我自認是專業的傾聽者，但即使是我也有不足之處。因此，這本書同時也是一本提升傾聽技巧的指南。

這本書花了我兩年時間。大半時間我都在鑽研聆聽方面的學術研究，釐清傾聽過程中涉及的生物力學和神經生物學，以及對心理和情緒的影響。我的書桌上有個一閃一閃的外接硬碟，裡頭儲存了幾百個小時的訪談記錄，訪問對象從愛達荷的波夕到北京都有，這些人不是研究傾聽的教授學者，就是從事的工作跟我一樣需要大量傾聽，例如間諜、牧師、心理治療師、酒保、談判專家、理髮師、航管員、廣播節目製作人，以及焦點團體的主持人。

除此之外，我也回頭去找這些年來我寫過或訪問過的成功人士，包括演藝人員、執行長、政治家、科學家、經濟學家、時裝設計師、職業運動員、創業家、廚師、藝術家、作家和宗教領袖，向他們請教傾聽對他們的意義、什麼時候最願意傾聽、被傾聽是什麼感覺、不被傾聽又是什麼感覺。還有在飛機上、公車上或火車上碰巧坐在我旁邊，在餐廳、晚宴、棒球賽、雜貨店，或是我出門遛狗時遇到的人。我對傾聽最寶貴的觀察，有些就是聽這些人說話得到的收穫。

閱讀這本書，你會跟我一樣發現，傾聽不只是聽別人說什麼，也包括留意別人怎麼說、說話時的表情動作、在何種情境下說，以及說的內容如何打動你。傾聽並不是在別人滔滔不絕時保持沉默那麼簡單。剛好相反。所謂的傾聽，很多時候關乎你如何回應，能不能引導人清楚表達出內心的想法，並在過程中也讓自己的想法成形。若能認真、慎重地做好傾聽這件事，你對他人和周圍世界的理解都可能隨之改變，甚至進一步豐富自我、提升生命。這也是增加智慧、跟人建立深厚關係的一種方式。

傾聽是我們每天都在做（或不做）的事。或許你把它視為理所當然，但擅長傾聽的程度、傾聽的對象、在何種情況下傾聽，都會對人生造成影響——好壞皆有。放大來看，社會集體的傾聽或缺乏傾聽，也對政治、社會和文化影響深遠。我們每個人都是我們關注的事物的總和。母親的溫柔安慰、情人的呢喃細語、良師的指引、上司的責備、領袖的信心喊話、對手的嬉笑辱罵，都是形塑我們的力量。不懂得傾聽、選擇性傾聽，或是拒絕傾聽只會阻礙我們瞭解世界，也剝奪了我們進步提升的機會。

1 當周圍的人不再傾聽

我坐在臥房的衣櫃裡訪問奧立佛．薩克斯（Oliver Sacks）。因為公寓對面正在施工，衣櫃就成了我能找到最安靜的地方。因此我才會盤著腿坐在黑暗中，把掛在衣架上的裙子和褲腳從耳機上的小麥克風撥開，跟世界知名的神經學家及作家通話。薩克斯最家喻戶曉的作品是《睡人》（*Awakenings*）這本回憶錄，後來還拍成電影，由羅賓．威廉斯和勞勃．狄尼諾主演。

這次訪談是為了我在《紐約時報》週日評論的一個小專欄，想請他談談他最喜歡的書和電影。[1]但後來我們把波特萊爾拋到腦後，熱烈討論起幻覺、白日夢，還有其他影響薩克斯饒富詩意稱為「心靈氣候」的現象。當我的狗抓著衣櫥門時，薩克斯正在跟我描述他的心靈氣候。有時候，他的心靈因為辨別不出人臉而烏雲密布，包括他映照在鏡中的臉。[2]此外，他也毫無方向感，連短短散個步都可能迷路，回不了家。

那天，我們兩人的時間都很緊。除了手上的專欄，我還有一篇報導要交給《紐約時報》。薩克斯則是在看診、教書、演講的中間，抽空接受我的訪談。儘管如此，我們還是談得很深入，甚至交換了用天氣比喻心靈狀態的用語，比方外表陽光燦爛、霧濛濛的理解力、閃電般的靈感、創造力乾旱、欲望洪流。我也許坐在漆黑的衣櫥裡，但聽他說話時，我不時有醍醐灌頂、感同身受、擊節讚賞，以及靈感或幽默感閃現的瞬間。薩克斯在二〇一五年過世，離那次訪談已經過了幾年，但那場對話對我來說卻恍如昨日。

因為長期為《紐約時報》撰稿，偶爾也擔任其他新聞媒體的特派員，我才有幸聽到奧立佛·薩克斯這樣傑出的思想家說話，還有許多較不知名、但同樣見解獨到的各行各業人士，從時裝設計師到建築工人都有。無一例外，他們擴展了我的視野，增進我對世界的理解，其中很多人深深感動了我。在一般人眼中，我可以跟任何人說話，實際情況是——我可以**傾聽**任何人說話。這對我的記者生涯很有幫助。我最好的新聞構想經常來自與別人不經意的對話，或許是在街道底下裝設光纖電纜的工人、牙醫診所的助理，或是壽司店遇到、轉行去開牧場的金融家。

我為《紐約時報》撰寫的多篇報導，登上了轉寄次數或點閱率最高的排行榜。原因不是我修理了哪個權貴或揭發了什麼醜聞，而是因為他人談起他們的悲歡喜惡、煩惱困惑時，我用心傾聽之後，盡其所能呈現他們的說法，然後再向外擴展。這其實跟設計一件成功商品、提供消費者一流的服務、留住最好的員工，或賣東西之前要做的準備並無不同。這同樣也是當一個好朋友和好伴侶所需的條件。一切都要回到傾聽這件事。

在我寫的好幾百篇報導中，每一篇或許都引用了四、五種說法，每一個出處我都要跟十幾二十人求證事實、詢問背景資訊或審查資料。但就像我跟奧立佛．薩克斯的衣櫥對話，其中最深刻難忘、最耐人尋味的訪談，並非破題或扣緊主題的對話，反而是那些談起個人經驗的離題閒聊，或許是一段關係、虔誠的信仰、對某事物的恐懼，或是影響深遠的事件。也就是當一個人說，「我從沒告訴過任何人」或「說出來之前，我都不知道自己是這樣想」的時刻。

有時候對方吐露的事太過私密，我成了當事者以外唯一知情的人，或許至今仍是。而當事人聽到自己說出的話，似乎跟我一樣震驚。我們雙方都不知道怎麼會說到這裡，但是都感覺到此刻重要無比、神聖不可侵犯。那是一種共享的頓悟時刻，只有彼此才知道的祕密感動且改變了我們。是傾聽創造了這樣的機會，成為一種催化劑。

現代生活讓這樣的時刻愈來愈稀少。以前的人會坐在門廊下或營火邊聽彼此說話。

現代人不是太忙，就是一心多用，沒時間深入理解他人的想法和感受。密西西比大學的歷史和南方學教授查爾斯・雷根・威爾森（Charles Reagan Wilson），記得他曾問過短篇小說和長篇小說家尤多拉・韋爾蒂（Eudora Welty），為什麼南方出了這麼多偉大的作家。她回答：「親愛的，我們除了坐在門廊上聊天也沒別的事可做，後來有些人就把聊天內容寫了下來。」

現代住家的門廊多半成了門前的車庫，在忙碌不堪的一天過後將屋主的汽車吞沒。要不就是住在各自獨立的公寓或集合住宅裡，在電梯遇到也不聞不問。這年頭在住宅區裡散步，不太可能會有人靠在欄杆上招手跟你攀談。唯一看得出有人居住的跡象，就是電腦或電視從樓上窗戶透出的藍光。

過去我們會個別且面對面地跟親朋好友聊近況，現在則多半透過簡訊、推特或社群媒體聯絡交流。現今你可以同時敲幾十、幾百、幾千，甚至幾百萬人，但是你多常有空或有心跟親朋好友進行面對面、既深且廣的對話？

在社交場合上，我們傳看著手機裡的照片，而不是描述我們的所見所感。我們不再尋求對話中能讓彼此會心一笑的幽默，而是分享在網路上爆紅的人事物或 YouTube 影片。假如雙方意見分歧，Google 就是裁判。要是有人講一件事超過三十秒，大家的頭就紛紛低下來，不是低下來沉思，而是讀訊息、看球賽比數，或是網路新潮流。傾聽的能力日漸式微，取而代之的是把所有人擋在門外的能力，尤其是跟我們意見相左或說話拖泥帶水、不直接說重點的人。

訪談的時候，無論我的訪問對象是街頭遊民、企業執行長或名人，我常感覺到他們不太習慣有人傾聽他們說話，彷彿這是一種新奇的經驗。當我對他們所說的事真心感到興趣，並鼓勵他們多說一些時，他們都很驚訝。一旦確認我沒有要催趕、打斷他們或偷瞄手機之後，看得出來他們的身體放鬆下來，思考時更認真投入，回答也更詳細。我猜想這就是很多人最後願意與我分享內心想法的原因，即使我沒有如此要求，話題本身也跟我要寫的文章完全無關。他們在我身上發現一個終於願意傾聽他們說話的人。

人之所以覺得寂寞，就是因為不被傾聽。心理學和社會學學者提醒大眾，寂寞在美國有快速蔓延之勢。專家稱之為公共衛生危機，因為孤立感和疏離感會增加早夭的風險，也讓肥胖和酗酒的人口增加。這對健康的負面影響，比一天抽十四根菸還大。確實，流行病學研究發現，寂寞跟心臟病、中風、失智和免疫力下降都有關係。[3]

嗅出現今的寂寞礦坑暗藏危險的金絲雀，大概是二〇〇四年的一位無名網友。當時網路革命正值風起雲湧之際，此人在某個鮮為人知的線上聊天室貼了一句「我好寂寞，有人願意跟我說話嗎？」。這句發自內心的吶喊在網路上快速蔓延，累積大量的回應和媒體關注，很多人群起仿效，留下類似的貼文，至今在不同的線上論壇仍可看見。[4]

看這些文章你會發現一件事。很多人之所以寂寞（lonely）不是因為孤單（alone）。有人寫道：「我每天身邊都圍繞著很多人，我卻感覺跟他們很疏離。」寂寞的人沒有可以分享想法和感受的人，同樣重要的是，也沒有人跟他們分享自己的想法和感受。值得注意的是，原來那句貼文的用意是希望有人跟貼文者說話，他不是想跟人說話，而是想聽別人說話。建立連結必然是一種雙向過程，雙方都要傾聽並理解對方想說什麼。

從二〇〇四年那篇貼文開始，感覺自己孤立又孤單的人快速增加。二〇一八年對兩萬名美國人所做的調查發現，將近一半表示他們不是每天都進行面對面、有意義的社交互動，例如跟朋友長談。約有同樣比例的人說，他們常在周圍有人時感到寂寞、被忽略。[5]一九八〇年代也做過類似的研究，當時只有二〇%的受訪者表示有這種感覺。[6]現今，美國的自殺率達到三十年來最高，自一九九九年以來增加了三〇%。[7]美國人的平均壽命如今也因為自殺、酗酒、鴉片類藥物上癮及其他跟寂寞相關的情緒問題，[8]開始縮短。[9]

不只美國如此，寂寞是全世界的現象。世界衛生組織指出，近四十五年來，全球的自殺率增加了六〇%。[10]二〇一八年，英國更進一步任命「寂寞部長」，[11]幫助九百萬（根據二〇一七年政府委託的調查報告）時常或總是感到寂寞的人。[12]在日本，Family Romance這類的公司愈來愈多，讓寂寞的人雇用演員扮演自己的朋友、家人或伴侶。[13]這類服務並不包含性交易，顧客只是付錢租借家人。例如，一個母親跟兒子疏遠，所以就租個兒子來探望她。或者單身漢可能租個太太問他今天過得如何、何時到家。

寂寞不分男女老少。最近有個研究指出，說到疏離感，男、女或不同種族之間的差異不大。[14]然而，研究確實發現，Z世代（第一個看著螢幕長大的世代）最容易感到寂寞，而且自稱健康狀況比其他世代都要差，包括年長者。從二〇〇八年至今，學齡兒童和青少年因有自殺念頭或試圖自殺而入院治療者，已經增加一倍有餘。[15]

很多文章探討現今青少年為何比較不容易約會、跟朋友出去、考上駕照，甚至沒有父母陪同獨自出門。他們獨處的時間愈來愈長，因此心情和外表都很「藍」（blue，亦指憂鬱）——因為螢幕反射的藍光。研究指出，面對螢幕的時間愈長，人就愈不快樂。沉迷於社群媒體的八年級生，罹患憂鬱症的風險比一般人高二七%。比起在臉書、YouTube、Instagram之類的平台花較少時間的同儕，他們說自己不開心的機率高出五六%。[16]同樣地，針對有打電玩習慣的青少年所做的研究綜合分析發現，他們更容易有焦慮和憂鬱的問題。17

為了趕走寂寞，我們多半會鼓勵人「走出去」參加社團、從事某項運動、去當志工、邀朋友共進晚餐、加入教會等等。說穿了就是別掛在臉書上，與人「面對面」。但就像之前說的，人在其他人面前常覺得寂寞。一旦「走出去」跟人「面對面」，你要怎麼和人產生連結？藉由傾聽。做起來可不像說起來那麼簡單。真正傾聽他人，是一種很多人似乎都已遺忘、甚至從沒學會過的技巧。

⌘

不善於傾聽，不必然做人失敗。你的知心朋友、家人或伴侶或許就不善於傾聽。或許你自己也離善於傾聽還很遠。這沒什麼大不了，通常會被原諒，因為從很多方面來說，你已經自動把耳朵關起來。回想小的時候，如果父母說「聽好！」（或許還緊緊抓住你的肩膀），接下來八成不會有什麼好事。當老師、棒球隊教練或營隊輔導員大喊「注意聽！」，之後通常是一連串的規矩、訓示，還有對盡情玩樂的限制。

大眾媒體和流行文化當然也不會強調傾聽的美德。電視新聞和星期天脫口秀多半在比誰說話大聲或犀利，而不是客氣有禮地探討不同的意見。深夜談話節目則是常看到主持人滔滔不絕或搞笑損人，很少傾聽來賓想說什麼或鼓勵來賓深入話題，因而話題往往流於膚淺。至於晨間和白天的節目，節目內容通常都照著宣傳和公關顧問編排的流程走，主持人和來賓基本上只是照稿念，無法進行真正的對話。

同樣地，電視和電影上的對話多半像在說教，不然就是長篇大論，而非在傾聽之下有來有往、無限延伸的輕鬆對話。編劇艾倫．索金（Aaron Sorkin）被譽為對話大師。想想他寫的《白宮風雲》（*The West Wing*）、《軍官與魔鬼》（*A Few Good Men*）、《社群網戰》（*The Social Network*），劇中角色的嗆辣玩笑和唇槍舌劍。在 YouTube 上可以找到劇中許多邊走路、邊說話的場景，還有動人心魄的交鋒場面，不但精彩有趣，而且名言佳句俯拾皆是，例如「你承受不了真相！」。[18]但若要從中尋找促進雙向溝通的傾聽祕訣，卻付之闕如。

這種譁眾取寵的對話傳統當然其來有自，可以一路追溯到一九二〇年代的阿岡昆圓桌會議（Algonquin Round Table）。當時一群作家、評論家和演員每天都會到曼哈頓的阿岡昆飯店打屁說笑、談天說地。各大報每天刊出他們的激烈辯論和犀利對答，全國為之瘋狂，至今仍然影響美國大眾對於睿智對話的想像。

然而，圓桌會議的很多常客雖然是活躍團體的一員，幾乎每天見面，其實很多都深感寂寞且鬱鬱寡歡。[19]例如作家桃樂絲・帕克（Dorothy Parker）就自殺過三次。[20]而戲劇評論家亞歷山大・伍爾考特（Alexander Woollcott）自我厭惡到極點，心臟病發過世之前，甚至說：「我從來就無話可說。」[21]不過，這個團體本來就不是彼此傾聽的團體。他們聚在一起不是為了互相交流，只是在等待出場、大家屏息以待的那一刻拋出言語的震撼彈。

桃樂絲・帕克晚年自省時曾說：「圓桌會議不過是一堆人聚在一起說笑互捧，一群大嘴巴在賣弄口舌，每天存些笑料以備哪天用來獻寶……全都是胡說八道。既然是在耍嘴皮，就沒必要說真話。」[22]

我們的政治領袖亦非足堪表率的傾聽者。想想美國的國會聽證會。美其名為聽證會，實際上，參議員和眾議員在現場大發議論、奉承討好、謾罵指責，不然就是打斷那些不幸站在他們面前發表意見的人。國會聽證會的文字記錄最常見的一個特點，就是中間夾著一個大寫的字 CROSSTALK（滑稽對話），意味著每個人都在說話，現場吵成一團，記錄員也聽不清楚誰說了什麼。

無獨有偶，英國首相問答（即每週國會議員向英國首相提問）的喧鬧程度，絲毫不遜於歌舞伎劇場。由於表演成分太過誇張，很多議員甚至不再參加。下議院議長約翰・

貝爾考（John Bercow）對ＢＢＣ表示：「我認為這個問題不容忽視。不少資深議員本身絕非溫室花朵，也毫不怯戰，卻都認為『那場面太難看，我不想加入，不打算隨之起舞，太丟臉了』。」[23]

這種說大話、比大聲的潮流，是造成美國和世界政治動盪、分歧加深的一個原因，因為人民覺得執政者離他們愈來愈遠，無法傾聽一般大眾的心聲。選舉結果更證明了無怪乎人民會有這種感覺。無論是政治領袖、主流媒體、上層階級，都對選民藉由選票表達的不滿震驚無比，最顯著的例子就是二〇一六年川普贏得美國總統大選，以及同年英國投票通過脫離歐盟。選民用選票向政治領袖投擲手榴彈，要他們聽取民意。很少人料到會有這種結果。

用民調來代替傾聽社群的聲音，或是理解他們的實際生活狀況和所做決定背後的價值觀，並非明智之舉。政治預測員若能更用心、更深入、更全面地傾聽民意，對選舉結果就不會如此訝異。況且，取樣若不具代表性（例如會接聽不明來電及老實回答民調電話的人），收集到的資料就會造成誤導。[24]為了評估民意走向而大量摘自社群媒體的新聞報導，也是同樣狀況。

然而，社群媒體和民調結果還是常用來代替「真實人民」的想法。因為取得容易，涵蓋範圍看似廣泛，如今報章和電視記者及評論員都很愛引用推特和臉書的內容，愈來愈少走出去，從真人嘴裡問到意見。由於效率高，資料蒐集速度快，觀察社群媒體的潮流或做網路問卷，已經成為二十一世紀的媒體、政治人物、遊說團體、社運分子和公司企業傾聽民意的主要方式。

但社群媒體是否能反應民意卻是個問號。調查一再發現，網路很多內容都來自假帳號或機器人帳號。[25]根據估計，社群媒體的帳號有一五%到六〇%並非真人。[26]有個研究指出，與二〇一六年美國總統大選相關的推特文有兩成來自機器人。[27]調查音樂圈名人的推特帳號發現，他們的粉絲雖然多達百萬千萬，其中大多數都是機器人。[28]

社群媒體上更普遍的或許是「潛水者」（lurker）*。這些人註冊帳號只為了看別人的貼文，自己很少、甚至從來不發表文章。網路文化有所謂的百分之一法則，又名九〇－九－一法則，意思是特定網路平台（社群媒體、部落格、維基百科、新聞網站等）的用戶，九〇%只觀察不參與，九%偶爾出聲或發文，只有一%負責創造大部分的內容。[29]不同平台貢獻內容的用戶人數或許各有差距，有時某些新聞也會激起熱烈討論，但沉默大眾仍占多數卻是不爭的事實。[30]

此外，社群媒體上最活躍的使用者和網路上的評論者，多半有些獨特、但不具代表性的人格特質。一是他們相信所有人都有權利表達意見，二是他們有時間經常發表意見。在網路上最能衝高人氣的發言，當然就是謾罵、毒舌和誇大。中立、誠懇或節制的發言，不太會一夜暴紅或被瘋狂引用。結果就是內容扭曲，對話走調，令人懷疑網路上的意見有多準確反映了一般人被傾聽時真正會說出的話。

⌘

為了寫這本書，我訪問了不同年齡層、種族和社會階層的人，專家、非專家都有，詢問他們對傾聽的看法。我問的問題包括：「誰會傾聽你的想法？」大家聽到這個問題幾乎都會愣住，遲疑片刻。幸運的人會說出一、兩個人，通常是另一半或是父母、好友或兄弟姊妹。但也有很多人表示，如果要說實話，他們不覺得有人真正傾聽他們的想法，即便是已經結婚或說自己交遊廣闊的人。其他人則說他們會跟治療師、人生教練、髮型設計師，甚至星座專家聊天——換句話說，花錢請人聽他們說話。少數人表示會去

＊網路公司用這個帶有貶義的詞來形容不會帶來收益的用戶。線上平台通常靠收集用戶主動提供的個人資料（例如喜好、評論、點擊數）再賣給廣告商來賺錢。

找自己的牧師或拉比，但只有遇到困難的時候。

特別的是，很多人告訴我，他們覺得請家人或朋友聽他們說話很麻煩。這裡指的聽，不只是聽他們的煩惱，也包括比噓寒問暖或說說笑笑更有意義的事。達拉斯的一位能源貿易商跟我說，談太沉重的話題很「失禮」，會讓聽的人很有壓力。芝加哥的某外科醫生說：「愈是眾人的楷模或領袖，愈不能說出自己的煩惱。」

當我問他們認不認為自己善於傾聽時，很多人都坦承自己不善此道。洛杉磯某表演藝術組織的總監告訴我：「如果真得傾聽生命中的人說話，我就必須面對一個事實：他們多半令我討厭。」目前為止，她不是唯一這麼覺得的人。其他人說他們沒空聽人說話或根本懶得聽。傳簡訊或 email 還比較快，因為可以視留言的重要程度決定要投入多少心思；如果覺得無趣或尷尬，直接忽略或刪掉即可。面對面說話太麻煩。對方說的你未必想聽，或者不知如何回應。相較之下，數位溝通比較易於掌控。

於是，就有了二十一世紀日常生活常見的一幕：在餐廳、咖啡館、酒館、晚餐桌上，大家沒在聊天，而是低頭看手機。就算在聊天，手機也放在桌上，就像餐具的一部分，時不時就有人像拿起刀叉一樣拿起手機來看一看，暗示現場的人不夠有趣。到頭來，人會強烈地感到寂寞，卻不知道原因為何。

也有人跟我說他們很善於傾聽，但這句話常常因為他們邊開車、邊跟我用手機通話而打了折扣。「我比大多數人都善於傾聽。」休士頓的一位辯護律師，在尖峰時間從車上回我電話時說：「等我一下，我有插播。」同樣缺乏說服力的例子是，前一秒說自己是個好聽眾，下一秒就換了完全不相干的話題，如同《紐約時報》的一則漫畫所描繪的：雞尾酒會上有個人拿著一杯葡萄酒，說：「瞧我怎麼把話題轉向我的專業領域，讓其他人全部閉嘴。」[31]其他自稱是好聽眾的人多半會重複我剛剛說的話，彷彿那是他們的原創想法。

要再次強調，這不表示不善傾聽的人必定是壞人或粗魯的人。他們之所以替你把話說完，是真的覺得在幫你忙。他們或許會打斷你說話，因為剛好想到一件你一定會想知道的事，或某個一定要馬上跟你說的笑話。這樣的人真心認為，讓人表達意見就是禮貌地等別人的嘴巴停下來，這樣就能換他們說。或許他們會頻頻點頭催促你、偷瞄手錶或手機、輕敲桌子，或瞥一眼你背後，看有沒有其他可以說話的對象。在一個充滿存在焦慮和個人行銷的文化裡，沉默等同於落後。默默傾聽就失去了打造個人品牌、嶄露頭角的機會。

然而，要是我訪問奧立佛·薩克斯時只想著自己的問題，結果會如何？那個專欄很短，我只需要他回答我幾個特定問題，沒必要聽他感性地描述心靈的陰晴不定，或缺乏方向感的生活面臨的挑戰。我也可以打斷他，拉回正題。或者，要是想表達個人意見，讓他對我留下深刻印象，我也可以切入話題，分享自己的生活經驗。但要是那麼做，我就會破壞對話的自然流向，打斷逐漸開展的親密對話，失去這場互動帶給我的許多喜悅。這麼一來，他的智慧就不會跟著我到今天。

不管是誰，都不可能隨時隨地是個好聽眾。因為想到別的事而分心是人之常情。傾聽要耗費心力。就像閱讀，某些篇章你可能會細讀，有些就瀏覽而過，視情況而定。但傾聽的能力跟細讀的能力一樣，不常練習就會退步。如果你聽人說話時如同瀏覽名人八卦網站的標題一樣漫不經心，你就發掘不了人內在的感性和智慧。愛你或可能愛你的人，也無法從你那裡得到他們最渴望的禮物。

2 契合的感覺——傾聽的神經科學

二〇一七年，臉書執行者馬克．祖克伯（Mark Zuckerberg）給自己設下一項「個人挑戰」，決定要「跟更多人聊聊他們的生活、工作，以及對未來的想法」。[1]但這可不是指路上隨便一個阿貓阿狗。他事先派了一個團隊到全美各地，在適當的地點找出適當的人與他對談。祖克伯抵達現場時，身旁最多跟著八名隨員，包括一名負責捕捉他「傾聽」畫面的攝影師。[2]這些圖片想當然都貼在臉書上。

祖克伯的這個計畫有對有錯。對的是，他把傾聽視為一種挑戰。錯的是，他以為一切事先安排好的傾聽就等同實際的傾聽，因而招來各方網路和媒體的訕笑。你或許也遇過把傾聽當作表演的人。他們或許裝出傾聽的模樣，皺著眉頭認真地點頭，眼神卻空洞無神，點頭的時間點也莫名其妙，跟你說的話根本對不上。他們或許會有一般的回應

（「嗯哼」或「我瞭解」），卻看不出來他們真正理解你要表達的重點，反而像在敷衍你——搞不好你甚至想給他們一拳。

發現對方沒在聽你說話，一般人都會生氣，更何況對方還假意敷衍你。但傾聽到底是什麼意思？有趣的是，我們說不上來怎樣算是好的傾聽者，卻很快能點出不好的傾聽者。[3]一般人遭人忽略或誤解的經驗，往往多過被用心傾聽的經驗，這是個令人難過的事實。以下這些行為最容易讓人覺得你沒在聽人說話：

- 動來動去（敲桌子、常換姿勢、轉筆等）
- 看手機、看手錶、東張西望、迴避說話者的眼神
- 回應籠統，答非所問
- 打斷別人說話

要是你有這些行為，請別再犯。然而，光是避免這些行為，仍不足以成為一個好的傾聽者，只是不會讓人一眼識破。傾聽不是用一張檢核表，檢查什麼有做、什麼沒做，而是一種心態。這是經年累月跟各種人互動發展出來的技巧，沒有一定流程；對話往意

料之外或棘手的方向發展，也沒有人會跳進來幫忙。傾聽者不知道自己會聽到什麼，卻仍然願意傾聽，風險當然很大。但是，永遠對周圍的人和世界冷漠無感，風險才更大。

在這個科技時代，為什麼還要花時間培養傾聽的技巧？這樣的疑問很合理。電子通訊無疑更有效率，可以隨時隨地用你喜歡的方式跟更多人通訊。而且很多人說話繞來繞去也是真的。還有些人喜歡自吹自擂，或巨細靡遺交代他們的結腸鏡報告，你聽了就想打呵欠。甚至有人說話很傷人或不中聽。

但是比起任何其他活動，傾聽更能讓你融入生活。傾聽不僅能瞭解跟你說話的人，也能幫助你瞭解自己。這就是為什麼從嬰兒時期開始，我們就對人聲特別敏銳，能察覺其中的細微差異及和諧與否。[4]甚至還沒出生，我們就開始聽周圍的聲音。胎兒十六週大就對聲音有反應，[5]孕期最後三個月已經能清楚辨別語言和其他聲音的不同。[6]胎兒在子宮裡聽到溫柔的聲音會平靜下來，聽到怒吼聲會嚇一跳。[7]聽覺也是人臨終前最後消失的知覺。最先消失的是飢餓和口渴的感覺，接著是說話能力，再來是視覺。瀕死的病患斷氣之前都還有觸覺和聽覺。[8]

專家研究失聰和聽力受損的兒童後發現，他們同理和感受他人情緒的能力也會降低。[9]也有大量研究指出，日後才喪失聽力，對情緒、認知和行為具有負面的影響。海倫・凱勒曾說：「我失聰又失明……失聰比失明不幸得多，因為那表示少了生命最重要的一種刺激——聲音，開啟語言、激發思考、讓我們得以親近人類智慧的聲音。」[10]

不過，有一點有必要區分清楚。聽（hearing）先於傾聽（listening），但不同於傾聽。聽是被動的，傾聽是主動的。最好的傾聽者會集中精神，動用其他感官去傾聽。他們的腦袋努力處理所有輸入的資訊，從中找出意義，進而開啟創新、同理、洞察和知識之門。傾聽的最終目標是理解，而理解需要花心力。

歷史上最成功的合作關係，很多都來自相知、相互認同的兩個人。例如飛機之父萊特兄弟；二次世界大戰的溫斯頓・邱吉爾和法蘭克林・羅斯福；一同發現DNA結構的詹姆斯・華生（James Watson）和法蘭西斯・克里克（Francis Crick），還有約翰・藍儂和保羅・麥卡尼。這些最佳拍檔在闖出一片天之前，都花了很多時間跟彼此對話。

他們本身當然都很優秀，但兩人同心才讓他們爬上顛峰。只要兩個人相互「契合」，這種協調一致就可能發生，只是程度各有不同，無論是朋友、情侶、生意伙伴，甚至脫口秀主持人跟觀眾都是。傾聽時，如果你真正「抓到」對方想表達的，你跟對方的腦波就會頻率一致。

神經學家烏里・哈森（Uri Hasson）比對過許多功能性磁振造影（fMRI）後發現，

說者和聽者的腦波活動重疊的地方愈多，雙方的溝通愈好。他在普林斯頓大學的研究室做過一個實驗，要兩個一組的受試者跟彼此描述BBC影集《新世紀福爾摩斯》的某個場景。說者回想時，腦波跟之前看劇時差不多。聽搭檔描述時，聽者的腦波活動會逐漸跟說者一致。這種腦波相應或一致的現象，就是想法、感受和記憶正在傳送的證明，不但清楚可見也可以測量。[11]

後來加州大學洛杉磯分校和達特茅斯學院所做的研究也發現，好朋友一起看短片時，腦袋會出現類似反應。事實上，看影片時（樹懶寶寶、不知名夫妻的婚禮、大學橄欖球是否應該禁止的辯論），雙方的腦部活動愈是一致，兩人的感情就愈緊密。[12]部分原因是情感相近的人會互相吸引。不過，若把這個發現跟哈森的發現放在一起看，也暗示一件事：聽誰說話會形塑我們思考和反應的方式。有人告訴我們一件事時，我們的腦波不但會跟對方同步，繼之而來的理解和連結，也會影響我們之後如何處理獲得的資訊（即使是樹懶寶寶的影片）。無論面對的是好友或家人，雙方相互傾聽的愈多，你們看法一致的可能愈高。

來看看行為心理學家丹尼爾·康納曼（Daniel Kahneman）和阿默斯·特沃斯基（Amos Tversky）之間的默契。兩人對非理性行為的想法，代表了社會學領域最具影響力的學術成就，也是康納曼的暢銷作品《快思慢想》的主軸。這一對朋友的個性迥異，特沃斯基衝動大膽，康納曼沉默謹慎。但兩人在許多有爭辯、有大笑、時而大呼小叫的對話中一拍即合，進而產生許多獨自一人無法企及的新發現。[13]

康納曼和特沃斯基花很多時間相處，連他們的另一半都不免吃醋。「他們的關係比夫妻還緊密。」特沃斯基的妻子芭芭拉說：「我相信他們彼此都是第一次這麼強烈受到一個人的腦袋吸引。雙方彷彿都等待著這一刻。」[14]撰寫研究報告時，兩人會坐在同一台打字機前。「我們共用一個腦袋。」康納曼說。[15]二〇〇二年，亦即特沃斯基過世後六年，康納曼榮獲諾貝爾經濟學獎。

⌘

跟另一個人的腦袋同步或產生連結，是人類從出生就有的基本渴望。我們都在「等待著這一刻」。這就是我們交朋友、找伴侶、表達意見和談戀愛的動力。如果這種渴望沒有被滿足，尤其是年輕的時候，可能會大大影響我們的健康。沒有其他心理學理論比「依附理論」更強調這點。這個理論是說，父母是否善於傾聽孩子或跟孩子建立關係，是決定我們日後傾聽及建立人際關係能力的關鍵。

一歲左右的嬰兒，已經會根據父母或主要照顧者滿足其需求的程度，在腦中構築關係如何運作的模型。換言之，我們形成依附關係的能力或依附他人的方式，取決於照顧者與我們的腦波同步的程度。用心回應嬰兒需求的照顧者，會讓嬰兒形成穩固的依附方式。這種依附方式的特點，就是感同身受地傾聽他人，進而建立運作良好、有意義且相互支持的關係。

相反地，父母疏於照顧的小孩，長大之後通常會形成不穩固的焦慮型依附關係，這表示他們會為關係而焦慮痛苦。這樣的人不善於傾聽，因為太擔心失去他人的關注。這樣患得患失的心態可能讓他們變得太黏、太愛現，或是太小題大作。他們甚至可能纏著還不熟的朋友、同事、顧客或戀愛對象不放，讓人喘不過氣。

另一種是不穩固的逃避型依附關係。通常是照顧者太不關心或關心過頭，到令人窒息的程度，才形成這樣的依附關係。這樣長大的小孩多半不善傾聽，只要跟人走得太近就會中斷或離開一段關係。他們抗拒傾聽，是因為不想失望或受制於一段關係。

最後一種是不穩固的紊亂型依附關係，特點是沒來由地出現焦慮或逃避的行為。這通常是兒時照顧者的恐嚇威脅和暴力對待造成的結果。這種依附型的人很難傾聽他人，因為親密關係對他們來說很可怕。當然不是每個人都可以明確歸於其中一個類別。大多數人都落在穩固到不穩固之間的光譜某處，如果比較偏向不穩固那一端，你就屬於焦慮型到逃避型這個區塊。[16]

但是說到依附型理論時，歷史不必然就是命運。只要學會傾聽，給予他人情感上的回應，改變並非不可能。同樣重要的是，除了傾聽，也要願意讓人傾聽與接受他人的情感回應，也就是形成穩固的依附關係。問題是，大多數人終其一生都在複製童年熟悉的情境，只聽小時候聽過的類似聲音，因而深化了過去的神經路徑。他們試圖和似曾相識的方式一致，就像沿著車輪在泥路上留下的痕跡走。

幾年前我去紐奧良工作遇到的一個航運業老闆就是個很好的例子。他結過多次婚，熱愛交際，說話風趣，但一說就停不下來，還會自問自答，打斷想要插句話的人。他說話很大聲，簡直像舞台劇演員，旁人想表達意見或參與對話也很難。後來他難得有感而發，說小時候每次他想跟父親說話，尤其是心裡的煩惱，他父親就會突然冒出一句「夠了」，而打斷他說話。他不理會我的發問，繼續說談自己的感受只會「失去聽眾」。因為小時候有過這樣的經驗，他極力避免同樣的結果。和另一個人腦波頻率一致，成了他無法忍受的事。

父母和小孩之間若缺乏共鳴或和諧一致，就會導致關係疏離，一代傳過一代。為了解決這個問題，很多課程應運而生，比方利用介入策略教導父母如何傾聽並回應自己的寶寶和幼兒，避免不正常的神經路徑在發育中的小小腦袋中定型，諸如「安全圈」（Circle of Security）、以依附為基礎的團體介入（Group Attachment-Based Intervention），以及依附及生物行為修補（Attachment and Biobehavioral Catch-up）等課程，目標都是避免焦慮型或逃避型依附關係在幼童身上定型。這些課程雖然主要在幫助父母傾聽小孩，但也有參與者利用同樣的策略改善與伴侶、同事和朋友的關係。

我們的文化讓人即使在最好的情況下也很難傾聽。對參加這些課程的人來說甚至更難，其中許多人在成長過程中都有被虐待或冷落的經驗。由於遭人責備和羞辱是常有的事，他們漸漸對傾聽產生抗拒，表現出來的方式就是充耳不聞或滔滔不絕，而且毫無自覺，就像紐奧良的那位航運大亨。然而，這些課程成效斐然。很多發表的研究報告證實它們的成效：一是兒童的問題行為顯著減少，二是父母的傾聽技巧提升。光看這類課程在全世界的需求愈來愈大，就證明確實有效。這十年來，光是安全圈這種課程，在二十二個國家就培訓了三萬多名輔導員。[17]

⌘

很多以依附理論為基礎的課程都會納入影片。人在當下常常會因為日常生活所需而分散注意力，或是腦子同時繞著太多事情在打轉，渾然不知自己已經分心。但藉由影片來觀察人際互動，隨時可以暫停、慢速或逐格播放，看看自己遺漏了什麼。訓練時，通常由心理學家和社工組成的課程輔導員觀看自己和其他臨床醫師跟親子合作、學習傾聽的過程。父母也會觀看自己或其他父母跟小孩互動的影片，找出錯失的傾聽機會，以及這對家庭動力的影響。

在紐約新學院一間陰暗狹小的會議教室裡，我跟幾位心理學的研究生坐在一起看臨床醫生的影片，學習以依附為基礎的團體介入法的最佳技巧。這是為紐約市六個特別設計的親子中心提供的課程。研究生手裡抓著評分表，不只要給片中臨床醫生的傾聽能力打分數，也要評量他們教導家長傾聽並關注小孩的成果如何。這個評分系統評量好幾個傾聽的面向，包括醫生的情緒覺察力和肢體動作。

第一個畫面是一個醫生跟一對母女坐在矮桌前，整個房間都是吵吵鬧鬧的幼童。醫生一手輕鬆地放在桌上，一手放在椅背上，形成一個包住這對母女的虛擬泡泡。小女孩正在玩黏土，母親看著別處嘆氣，一度甚至說自己的小孩愛玩假想的遊戲「很怪」。「你看。」醫生低聲說，傾身靠近小孩，示意孩子的母親一起加入。「她有靈感了。」那位母親突然充滿興趣地看著自己的小孩。她的小女孩在想什麼？

燈亮起時，研究生相互點頭，表示稱許，彷彿剛剛看了一名奧運體操選手做了一個高難度動作，然後穩穩落地。他們給影片中的醫生打了將近滿分，就差沒舉手擊掌。當時我不太清楚她有什麼特別，直到看了其他醫生的影片才恍然大悟。相較之下，其他醫師顯得僵硬、較不自然，也更容易分心；儘管親切地跟母親聊天，或者跟小孩一起玩並鼓勵母親加入，但是跟體操皇后西蒙・拜爾斯（Simone Biles）拿到同樣高分的醫生所做的事，有著顯著的不同。她之所以特別，不只是因為態度沉著、利用肢體展現專業、把注意力集中在眼前的母女身上，還因為她看似簡單、實則細膩的觀察：「她有靈感了。」換另一種方式說，就是：「我們來看看令嬡的腦袋裡在想什麼。」

這句話的意義微妙而深遠。傾聽就是這麼一回事。每個人的腦袋裡都有事情在打轉，無論是你的孩子、伴侶、同事或顧客都一樣。傾聽，就是發掘他人腦中的想法，並證明自己在乎、也想要知道他們的想法。每一個人都渴望被理解，都渴望被當作一個有想法、有情緒，且想法獨特寶貴、值得用心聆聽的人。

傾聽不是去教導、形塑、批評、評價或向人證明該做什麼（「來，我示範給你看」、「別害羞」、「太棒了」、「笑一個給爹地看」）。傾聽，是有一個人願意跟你一同感受。當一個人對你是誰、你在做什麼感興趣，那就是傾聽。缺乏這種被理解和接納的經驗，讓人有空虛、不足的感受。生活中最寂寞孤立的時刻，往往不是受到創傷和打擊，而是理應得到卻沒有得到回饋，長久下來日積月累的結果。[18]當你不用心傾聽或覺得別人沒有用心傾聽你的時候，也就錯失了跟人連結的機會。

米麗安・史提爾（Miriam Steele）是紐約新學院的心理學教授及依附研究中心的主任，她發表了以依附為基礎的介入課程的成效研究結果。她表示：「我們追求的是親子互動的神奇時刻，那個好奇、和諧、相互理解的片刻，儘管短暫，卻會永遠留在父母和孩子的心中。」

是這些「神奇片刻」讓生命有意義，那也是烏里・哈森在功能性磁振造影中看到兩個人的腦波頻率一致的畫面。那是我們藉由傾聽跟人產生連結的時刻，而且可經由科學方法加以測量。史提爾也舉了介入課程中另一個母親為例。這位母親說她受不了自己寶寶的哭聲。可能會有人好意地跟她說，對嬰兒哭聲有負面反應是人類天生的反應，這樣我們才會起身去照顧嬰兒。或是表示同情地說，「對啊，我也受不了嬰兒的哭聲。」但這兩種回應都拿不到新學院研究生打的高分。拿到最高分的醫生沒有給這位媽媽什麼回應，只是頓了頓，然後問：「妳為什麼受不了嬰兒的哭聲？」

為什麼這樣的回答比較好？因為當事人想了想，說那讓她想起自己小時候哭泣卻沒人理會的情景。她寶寶的哭聲引發了某種創傷後壓力，讓她害怕、怨恨、情緒低落。那位醫生和媽媽當下沒有做功能性磁振造影，如果有的話，很可能會看到兩人腦波一致的影像。神經脈衝重疊表示雙方相互理解，以及關係大幅改變。因為先傾聽，而不是急著提供解釋或安慰，醫生才得以跟這位母親的腦波同步，進而產生更深的連結，不然就會完全搞錯重點。因為有人願意跟她一起感受，這位母親才可能把類似的禮物延伸到孩子身上。怎麼樣才是好的傾聽，這個例子是很好的示範。

依附關係決定我們是什麼樣的人，而每一段關係都影響著我們面對世界和他人的方式。依附關係源於傾聽，最初是照顧者輕聲哄著我們，安撫我們的不安，由此建立的依附關係一直延續到長大、工作、結婚，還有日常生活。缺乏傾聽的交談，就像單向的觸摸。[19]但聽覺比觸覺涵蓋的範圍更大，我們全身都會跟著他人表達想法和感受的聲音而震動。聽到人發出的聲音，我們的身心都會跟著起伏。雙方產生共鳴時，就有了理解，還有愛。演化給了人類眼皮，好讓我們閉上雙眼，卻沒有關上耳朵的類似構造。這意味著，聽覺對人類的存活不可或缺。

3 跟幼兒學習——因為好奇而聽

這裡是位在華府的四季酒店。貝瑞．麥馬努（Barry McManus）坐在酒吧一角環視四周，觀察、打量著酒吧裡的每個人。這是他在美國中情局任職二十六年養成的習慣。本身是非裔美國人，眼睛細長，身材勻稱，要假扮成任何國籍的人都不是問題——事實上也是如此。

我們一起坐在低矮的皮革沙發上，盆栽棕櫚樹充當掩護。之前兩人在林肯紀念堂會合的場景很像偵探小說。我正在走路時，他開著賓士休旅車抵達。車燈劃破迷霧，他放慢速度，暫停下來讓我上車，接著就直奔喬治城。到了某處他飛快迴轉，從多線道馬路俐落地轉進彷彿在酒店門口等著我們的開放停車位。這些可不是我編造的情節。

身為中情局的首席質問員和測謊員，麥馬努在全世界一百四十個國家訪談過恐怖分子、炸彈製造商、毒販、叛徒和各種嫌犯。人命取決於他是否能聽出各種蛛絲馬跡。他在二〇〇三年退休，目前除了在維吉尼亞州費爾法克斯的喬治梅森大學教行為評估，也在世界各地擔任安全顧問。他的顧客主要是外國政府，但也有一些富豪找他去跟他們想雇用的人「閒聊」，特別是日後跟雇主家人有頻繁接觸的員工，例如傭人、私家醫生和護士、幫富豪開噴射機的飛行員，還有遊艇上的船員。「背景調查只會告訴你這個人之前做過什麼被抓。」麥馬努說：「我的工作是找出這個人做了什麼沒被抓，或是以後可能做什麼。」

中情局探員所受的訓練，是要用狡猾、巧妙、甚至暴力的手法取得情報，但麥馬努並不是靠邪門歪道稱霸業界。他純粹只是喜歡聽跟他不一樣的人說話，即使（甚至尤其是）對方犯下滔天大罪。「就算沒有實質的收穫，我也瞭解了他們的心態、立場和想法。對方的外表如何？心裡在想什麼？對西方的看法？對我這種人的看法？那種經驗讓我血液沸騰，永生難忘，也讓我成為更好的人。」麥馬努說：「生命中的各種經驗造就了現在的你。就算你不能觸及自殺炸彈客的內心，說不定能觸及日後某個思想偏激或想不開的人的內心。跟誤入歧途的人交談過後，你才能更理解他們的想法。」

麥馬努告訴我，中情局會招收原本就善於傾聽的人，而不是日後再訓練他們如何傾聽。最厲害的傾聽者會派去做質問和間諜的工作，其他人可能負責分析或擔任網軍。中情局想直接招募好的傾聽者並不令人意外，畢竟傾聽多半是一種藝術而非科學，況且現有的科學論述也很少。

在溝通研究中，傾聽有如被冷落在一旁的繼子繼女，躲在高效演說、修辭、辯論、說服和宣傳的陰影之下。翻翻三大冊共兩千零四十八頁的《人際溝通國際百科全書》（*International Encyclopedia of Interpersonal Communication*），你會發現只有一條專門談傾聽。[1]你甚至不會在《人際溝通手冊》（*The SAGE Handbook of Interpersonal Communication*）的目錄上找到「傾聽」這個章節。[2]

我們想到的傾聽，多半是學生如何理解課堂教學內容的研究，跟我們日常生活中的傾聽是兩回事。更糟的是，學者似乎對傾聽的定義莫衷一是，每隔幾年就會提出不同的學術定義。一九八八年，傾聽是「接受並關注聽覺刺激並賦予其意義的過程」。經過反覆修改，傾聽在二〇一一年變成「人際脈絡下資訊的取得、處理和保留」。[3]各種冠冕堂皇的說法，說穿了就是：全面理解他人試圖表達的想法。

然而，坊間流傳許多如何傾聽的簡單技巧。其中多半來自商業顧問和經理人教練，標榜的的概念大同小異，只是換了更炫（有時還滿滑稽）的標語，比方**共享聲音的世界**

和**共同脈絡化**。說來說去就是要人做出專心傾聽的樣子，例如眼神接觸、點頭、不時發出「嗯哼」的聲音。他們教人避免打斷對方說話，等對方說完，要重複或換句話說對方方才講的話，讓他們確認你說的沒錯或糾正你的說法。接下來，你才可以開始說自己想說的話。

這裡的前提是：按照指定的方式成功約會、賣出產品、談成最佳條件或升遷等目標。傾聽或許真能、也可能幫助你達成目標，但如果那是你傾聽的唯一動機，你就只是做做樣子，對方遲早會識破你別有用心。如果你真的用心聽，不必假裝也看得出來。

傾聽最需要的莫過於好奇心。麥馬努本身就是個好奇寶寶。每個人都曾經是。小時候，每樣東西在你眼中是如此新奇，因此你對每個人、每件事都好奇不已。小朋友永遠有問不完的問題，有時還會問尷尬的私人問題，想弄清楚你到底是什麼樣的人。他們會認真聽你的答案，還常常重複你最不希望聽到的回答，例如某句輕率的評語或無意中罵出的髒話。

「每個人都是天生的科學家。」物理學家艾瑞克・貝齊格（Eric Betzig）說：「不幸的是，很多人心中的科學家最後都被打敗。」這是他二〇一四年得知自己拿到諾貝爾化學獎之後跟我說的話。他跟團隊研發了一種超高解析度顯微鏡，可以看到細胞之間傳遞

DNA如此微小的生物過程。「我很幸運，一直對實驗和學習保有孩童般的好奇心和熱情。」他說。

研究顯示，擁有穩固依附關係的大人和小孩比較好奇，更能接受新資訊。依附理論有個原則：生命中若有願意傾聽你、跟你緊緊相繫的人，你走向世界跟人互動時就愈有安全感。你知道就算難過失望也不會有事，因為總有一個人能聽你傾吐心事、給你安慰。那就是你的「安全堡壘」，能為你抵擋寂寞。[4]

得過普立茲獎的歷史學家史塔茲・特克爾（Studs Terkel）用好奇心闖出一番事業。他的代表作《工作》（*Working*）集結了他和各行各業人士的訪談，從清道夫、挖墳人到外科醫師、工業設計師都有。[5]他利用這些人自身的語言向讀者證明，每個人都有我們可以學習的東西。「我這一行的工具表面上是錄音機。」特克爾說：「但我認為其實是好奇心。」[6]他在二〇〇八年逝世，享年九十六歲。

那是他從小培養的好奇心。他的父母在芝加哥有間出租公寓，從小他就對無意間聽到的祕密、爭吵和約會深深著迷。房客雖然來來去去，卻長存在他的記憶中，賦予他後來的作品生命。例如，爭強好勝的模具製造商哈利・麥克爾森（Harry Michaelson）；頭戴綠色軟呢帽的地方區幹事亞瑟・昆恩大公（Prince Arthur Quinn），還有米德・林德珍（Myrd Llyndgyn），特克爾形容這位威爾斯來的清道夫不但身無分文，「名字裡連個母音都沒有。」[7]

我從記者工作學到最寶貴的一課是：只要問對問題，每個人都很有趣。如果對方沉悶又無趣，問題其實出在你身上。猶他大學的研究員發現，跟心不在焉的人說話，一般人想起的事會比較少，表達能力也會變差。相反地，如果有人專心聽你說，你就會想起更多內容和相關細節，也樂於多說一點，即使聽的人沒主動問。[8]所以，如果你不專心聽是因為覺得對方很無聊，不值得你浪費時間，那麼造成這種結果的其實是你自己。

回想看看，你很想跟某人說一件事，對方卻一臉沒興趣，或許還嘆氣、東張西望，結果會如何？你開始支支吾吾，遺漏細節，說些言不及義的話，或是為了拉回對方的注意力而說了太多。最後你也許會漸漸停下來，對方則露出無力的笑容或心不在焉地點頭。雙方道別之後，那人說不定會在你心中留下糟糕的印象。

卡內基在《如何贏取友誼與影響他人》（*How to Win Friends and Influence People*）一書中說：「藉由對他人感興趣在兩個月內交到的朋友，會比兩年內試圖讓人對你感興趣交到的朋友還多。」[9]傾聽就是對他人感興趣，最後會讓雙方的對話更加有趣，最終目標則是在離開對話時覺得有所得。你已經瞭解自己，但你不瞭解跟你對話的人，也不知道能從對方的經驗學到什麼。

國際家具零售商IKEA的創辦人英格瓦．坎普拉（Ingvar Kamprad）深諳此理。據說他多半過著深居簡出的生活，但也會走訪世界各地的IKEA，跟一般人一樣走走逛逛，有時假扮成顧客詢問店員，有時假扮成店員接近顧客。[10]「我認為自己的任務是服務一般大眾。」過世前幾年，他曾在訪談中說：「問題是，你要怎麼找出顧客的需求，提供他們最好的服務？我的答案是貼近一般大眾，因為我其實就是他們的一員。」[11]他在二〇一八年辭世。

坎普拉的方法不只展現了絕佳的商業頭腦，還有對他人的想法和感受發自內心的好奇。那是想瞭解另一個人的世界觀的強烈渴望，還有對自己的所聽所聞感到驚奇，並從他人經驗吸收新知的期望。也就是不再先入為主地以為自己已經知道別人要說什麼，或者自認懂得比別人多。

⌘

預設自己早就知道對話會如何發展，只會扼殺好奇心、抗拒傾聽；擔心雙方互動不佳也是。因為如此，陌生人才會在火車、公車、電梯和等候室等擁擠的公共空間裡，完全忽略彼此的存在。[12]但要是你非得跟人說話不可呢？芝加哥大學的行為科學研究員做了一連串的實驗，要求數百名巴士或火車通勤者分成幾批：有些單獨坐在位子上，有些跟陌生人說話，有些做平常通勤時會做的事。[13]

參與者多半以為跟陌生人說話最不開心、收穫最少，結果發現剛好相反。跟陌生人說話的這一組，通勤之後覺得最開心，也不覺得有任何不便。他們以為陌生人不會想跟他們說話，對話一定很彆扭，結果最後**沒有一個人**有遭拒或受到冒犯的感覺。

人類通常不喜歡不確定感，尤其在社交場合上。那是從遠古以來發展出的存活機制，因此腦袋總有個細小的聲音對你說：「繼續做你一直在做的事，只要那還沒要你的命。」這就是為什麼你在派對上寧可去找你認識的討厭鬼說話，也不想去認識陌生人。麥當勞和星巴克證明了人類有多渴望同樣的東西。這些連鎖店之所以成功，很大一部分是因為不管在世界的哪個城市，你都可以買到一模一樣的大麥克或星冰樂。

我們喜歡每天重複一樣的事，還有詳細明確的行程表。偶爾或許會為生活添加新鮮的內容，但通常我們步行或跑步的路線都一樣，上課或開會坐同一個座位，去採買時按照一樣的購物順序，在瑜伽課占據同一個角落，回到同一個度假地點，跟同樣的人一起吃晚餐，聊著差不多一樣的話題。

矛盾的是，讓我們充滿活力的卻是不確定感。想想讓你跳脫單調日常的事件：參加家族的婚禮、發表重要的報告、去你從未去過的地方。在這些場合上，時間彷彿稍微慢了下來，你覺得自己完全投入其中。如果經驗本身帶有風險也具有同樣效果，例如爬山或玩滑翔傘。這時你的感官變得特別敏銳，注意到更多細節。巧遇會比事先約好更讓人興奮，因為腦中會分泌一種名為**多巴胺**的化學元素，令人興奮雀躍。[14]好消息、獎金和禮物若是出乎意外，也會教人欣喜加倍。這就是大多數的熱門影集和電影都有出人意料的劇情轉折和結局的原因。

沒有什麼比人說出來的話更令人訝異，即使是你自認瞭解的人。有時候，你甚至會訝異從自己嘴裡說出來的話。難以預測正是人類迷人之處。放棄傾聽只會覺得無聊，也會讓自己成為一個無趣的人，因為你不會有任何新收穫。

在四季酒店私下碰面時，麥馬努告訴我：「到了這個歲數，我總覺得很少有我沒聽過的事。但走出房間，我還是很驚訝：真不敢相信那傢伙剛剛告訴我的事。」比方他幫一個有錢的顧客篩選某位醫生，對方自動坦承她用藥成癮；還有一名遊艇船長坦承他會習慣性地割傷自己。麥馬努又環顧酒吧一圈，我也跟著看過去。「但重點就在這裡。」他說，慢慢把視線轉回我身上。「這樣你才知道自己是這一行的佼佼者。」

麥馬努在中情局的頭銜雖然是首席質問員，但他說質問是他最不喜歡、也最沒效率的策略。「我從來就不喜歡質問。相信我，我知道那是什麼。如果我把你痛罵一頓，你會鬆口沒錯，但那些話可靠可信嗎？」他搖搖頭，接著說：「我得慢慢來，沉住氣，當個好聽眾，這樣才能得到有用的資訊。」他的方法是請嫌犯說出他們的故事，而不是強逼他們招供。

麥馬努還告訴我，他讓巴基斯坦核子科學家蘇爾坦・巴希魯丁・馬赫默德（Sultan Bashir-ud-Din Mahmud）坦承跟賓拉登見面的實例。[15]那時候九一一事件剛爆發，情報單位急著逮到攻擊事件的首腦。麥馬努沒有採取敵對立場，反而跟馬赫默德針對非裔美國人的處境進行一場意外地長且極具啟發性的對話，兩人因而建立了奇特的友好關係。「我只是聽他談論民權運動，還有黑人在美國有多辛苦。他對美國歷史的瞭解比我還多。」麥馬努說：「等他說完之後，我問他，不會寧可把自己的故事說給我這樣的人聽，也不要說給『他們』那些人聽嗎？我也不確定『他們』是誰，只希望他在腦中想像『他們』的模樣。」科學家後來表示，他寧可把他的故事說給麥馬努聽。

與人交往的方式，就是傾聽雙方的共同點，逐步建立和諧的關係。質問連用在恐怖分子身上都沒效，在社交場合上又怎麼會有效？給人打分數，不斷詢問「你做什麼工作」、「你住在哪一區」、「你什麼學校畢業的」、「你結婚了沒」這類私人問題，就是在質問他人。這不是想要認識別人，而是在評量別人。對方只會反射性地產生防備，對話甚至可能轉向淺薄無味的履歷背誦或自我吹捧的電梯簡報。

在芝加哥的通勤研究中，研究員要求跟陌生人攀談的參與者努力和對方產生連結，找出對方有趣的一面，同時也要分享自己的事。有付出，也有獲得。要是一開始就猛問對方的工作、教育程度和家庭背景，整個過程就不會那麼順暢。相反地，他們或許可以從通勤的話題或發現對方戴的芝加哥小熊棒球帽談起，接著問對方有沒有看過球賽——用心地傾聽，讓對話有機地成長。因為真正感到好奇、態度有禮、專心傾聽，他們才得以發現同車通勤的人原來也這麼親切，甚至有趣。

好奇的人就是腿上放著一本書坐在機場、但從沒打開書的人，或是一出門趴趴走就忘了帶手機的人。他人的不可預測讓他們著迷，而非害怕。他們是好聽眾，因為他們想要理解，想要跟人連結，想要成長。即使是那些你以為什麼事都聽過的人，比方中情局探員、牧師、酒保、刑警、心理治療師、急診室護士，都會告訴你，他們的所見所聞不斷讓他們吃驚、笑翻，甚至錯愕不已。生活就是這樣才有趣。人就是這樣才有趣。

4 我知道你要說什麼——用偏見把耳朵塞住

「我說的你都沒在聽！」

「先讓我說完！」

「我哪有這麼說！」

在「我愛你」之後，這些是親密關係中最常反覆出現的話。或許你以為比起陌生人，你更願意傾聽伴侶的話，事實往往相反。心理學家朱蒂斯・寇奇（Judith Coche）對這種現象再熟悉不過。她是公認的夫妻團體治療權威，由羅莉・亞伯拉罕（Laurie Abraham）執筆的《夫妻俱樂部》（*The Husbands and Wives Club*）一書，記錄了她如何成功挽救看似無可救藥的婚姻。[1]

某天傍晚，我到寇奇位於費城市區的辦公室找她。不久前才離開的夫妻團體留下一堆凌亂變形的抱枕，椅子和沙發仍留有餘溫。我到那裡是為了請教她，為什麼人常常覺得伴侶不聽他們說話，甚至誤解他們的話。寇奇的回答很簡單：關係久了就會對彼此失去好奇心。不一定是冷漠，只是覺得彼此已經熟得不能再熟了。不聽對方說話，是因為自以為知道對方要說什麼。

寇奇舉了夫妻替對方回答問題或做決定的例子。夫妻也可能送了對方根本不想要的禮物，讓對方感到失望或受傷。父母同樣會犯類似的錯誤，自以為瞭解小孩的喜好、知道他們會做或不會做什麼。無論是誰，其實都很容易預設自己瞭解伴侶、家人的想法。這叫作**親密溝通偏見**。親密關係雖然美好，但也會讓我們自滿，高估自己理解最親近的人在想什麼的能力。

威廉士學院和芝加哥大學的研究都證實了這點。研究員讓兩對互不相識的夫妻圍坐成一圈，背對著彼此，像在玩遊戲一樣。每個人都要輪流說幾句日常對話會用到、但具有多重意義的話。接著，伴侶說出他們猜想另一半想表達的意思，另一對陌生夫妻再提出他們的猜測。例如「你今天看起來不太一樣」，可能表示「你看起來好糟」、「看吧，我有注意你的外表」、「嘿，我喜歡你的新造型！」，或是「呃，我覺得有哪裡不一樣，但又說不上來是什麼」。受試者以為另一半比陌生人瞭解他們，結果非但沒有，有時甚至還不如陌生人。[2]

另一個類似的實驗證明，好朋友也會高估對彼此的理解程度。研究員先後將受試者跟好友和陌生人配對，請受試者引導對方去拿大箱子裡的東西。箱子分成一格一格，裡頭有各式同名的物品，例如電腦滑鼠和老鼠布偶（英文都是mouse）。有些格子只有一個人看得見，有些兩個人都看得見。朋友之間的親密關係製造出兩人同心的假象，讓他們更容易以為朋友看到的跟他們看到的一樣。跟陌生人就比較不會犯這種錯誤。也就是說，由陌生人引導時，他們比較會直接伸手去拿兩人都看得見的正確標的。

「『我的認知跟你的不同』這種想法，是有效溝通不可缺的元素。」肯尼斯・薩維斯基（Kenneth Savitsky）說。他是威廉士學院的心理學教授，也是該研究報告的主要作者。「那對指導、教學或一般對話都很必要。但是當對象是好朋友或另一半時，這個原則就很難掌握。」

那就好像一旦你跟一個人建立關係，你會以為關係永遠存在。可是我們每天跟人的互動和從事的活動持續塑造著我們，一點一滴改變我們對世界的理解。所以沒有人跟昨天一樣，今天的我也不會跟明天的我一模一樣。看法、態度和信念隨時在改變。無論你們認識多久、自認為多瞭解對方，只要停止傾聽，最終會失去對他人的理解，對彼此愈來愈陌生。

靠過去的印象去理解現在的人，注定會失敗。法國作家安德烈．莫洛亞（André Maurois）曾說：「幸福的婚姻是一場漫長、但永遠嫌太短的對話。」[3]如果一個人堅持把你當作初相識的那個你對待，你會想跟他長相廝守嗎？不只愛情關係如此，所有關係都是。連幼童都不想被當成兩個月前的小嬰兒一樣對待。堅持要幫一個兩歲小孩做他已經學會的事，他可能生氣地說：「我來弄！」生命變動不居，傾聽是我們跟彼此保持連結的方法。

人際關係的相關研究中，最常被引用的是英國人類學家及進化心理學家羅賓．鄧巴（Robin Dunbar）的文章。他告訴我，維持友誼的主要方式就是透過「日常對話」。那表示，詢問對方「你好嗎？」，並用心傾聽對方的答案。他最有名的是提出「鄧巴數」，亦即在社群網路上實際交往的人最多在一百五十人上下。[4]你只能跟這麼多人熟識，在酒吧巧遇時一起喝一杯也不會尷尬。超過這個數字就超出了腦袋和情緒的負荷，無法建立有意義的連結。

不過鄧巴也強調，根據你花在這一百五十個人身上的時間，可以分出不同的「友誼等級」。[5]就像婚禮蛋糕，最上層只有一、兩個人（另一半和最好的朋友），那是你最親密且天天互動的人。下一層最多可以容納四個人，是你很親密、喜愛且關心的人，這個等級的朋友大概需要每週都有互動才能維持。接下來就是跟你較少見面的普通朋友，彼此的關係也較薄弱，因為沒有經常接觸，很容易變成泛泛之交。雙方雖然友善，但不是真正的朋友，因為沒有跟上對方的各種變化。儘管可以跟他們喝一杯，但你不會特別想念他們，甚至不會發現他們已經搬到別的地方，他們也不會想念你。

一個例外或許是某些你多年沒聯絡、卻絲毫不覺得疏遠的朋友。鄧巴認為，這些通常是在生命中的某個時刻，曾透過既多且深的傾聽跟你建立友誼的朋友，多半是情緒動盪的時期，像是上大學、剛成年或遭遇困境時，如生病或離婚。那很像事先累積了大量的傾聽，日後即使長期分開，也有互相理解和聯繫的基礎。換句話說，過去常常用心聽一個人說話，之後即使雙方因為距離或冷戰而不再聯絡，也能很快重拾過去的默契。

坐在朱蒂斯．寇奇辦公室裡，周圍都是皺巴巴的抱枕，我發現重修舊好並不是一個快速或簡單的過程，至少對參加她的治療團體的夫妻並不是。她要求他們參加一整年的課程，每個月參與長達四小時的團體治療，外加一個週末的閉關。此外，寇奇會先仔細調查夫妻的狀況，才決定要不要讓他們加入。她說她要確定他們「已經準備好且有能力做這種功課」。意思就是準備好傾聽，不光是傾聽另一半，還有團體裡的其他成員。

前來向寇奇求助的夫妻，多半有嚴重的親密溝通偏見。過去跟對方無不契合，現在卻覺得話不投機半句多。雙方都覺得另一半不聽自己說話，冷落了自己，而且往往不只是身體上，連情感上也是。他們來到這個團體時，對另一半的需求充耳不聞。寇奇告訴我，當這樣的夫妻向團體抱怨時，有趣的事情發生了。其他夫妻都會專心傾聽，唯獨當事人的另一半例外，這更凸顯了兩人的問題所在。如同前面所說，專注傾聽會改變對話的品質。

你或許有過以下的經驗。某個跟你很親近的人（或許是配偶、孩子、父母、朋友），在其他人面前說出你一無所知的事。你說不定會回答：「我不知道那件事！」會發生這種情況，原因是其他人傾聽的方式跟你之前不一樣。或許是表現得更有興趣、問對了問題、不那麼咄咄逼人，或是不會動不動就插話。

想想看，你自己是不是也會跟不同人說不同的事。不必然跟你們的關係或親密程度有關。或許你曾向陌生人吐露你不曾跟任何人說過的事。說什麼和說了多少，取決於當下你對聽者的觀感。如果對方只是假裝在聽，或是為了挑錯、插嘴而聽，你不太可能會對他掏心掏肺，反之亦然。

哈佛社會學家馬里歐．路易斯．斯墨（Mario Luis Small）對三十八名研究生所做的深入調查發現，人大多數時候會把最迫切、最煩惱的事告訴跟他們不那麼親近的人，甚至是無意中遇到的人，而不是他們之前聲稱跟他們最親近的人，如配偶、家人或好友。[6] 後來針對兩千名各階層的美國人所做的網路調查進一步證實了這一點。有些人還會刻意不把心事告訴最親密的親友，因為害怕面對不友善的回應、批評、情緒或衝突。這就帶出了一個問題：我們為什麼選擇說給這個人聽，而不是另一個人？

「有些人就是比其他人更善於傾聽，但傾聽能力可以磨練、加強，轉化成一種藝術。」寇奇說。她的夫妻治療團體堪稱傾聽的大師班。她有如指揮家帶領著治療課程，臉上的預設表情是張大眼睛表示關心，輪流引導成員盡量參與，彷彿他們是管弦樂團裡的演奏者。剛開始，對話可能卡卡的、不太和諧，但隨著信任感增加，夫妻愈來愈能抓住彼此的暗示和漏掉的暗示，對話就會形成較舒服的節奏，最後勢必會有突破性的進展。「這些人對彼此愈來愈重要，因為他們相互傾聽各自的感受。」寇奇說：「如果另一半不聽，其他人卻認真在聽，他們就會開始學習。」

團體成員甚至會指出誰誰誰沒聽另一半說話。「於是，新的溝通模式就從有益的關係中建立起來。」寇奇告訴我。她指了指房間四周，那些痛苦掙扎的夫妻彷彿還在，為這個空間賦予生命。「你看見有人擺脫了長久以來的壞習慣，因為他們就是這樣長大的，從來不懂得好好聽人說話。」

寇奇形容有個成員是典型的「愛說教的男人」。他說話的方式是不斷教訓和糾正別人，以至於到最後根本不知道怎麼親近人。「突然間，我看到他終於能夠傾聽並轉述妻子說的話，或許仍有點彆扭，比方支支吾吾地說：『哦……我懂了。』」寇奇說：「這對他來說是個轉捩點，對他的另一半也是，她應該會激動落淚。問題癥結在於他不懂得如何傾聽，但他不是故意的，從小到大家人都沒教他，也不重視這件事。」

然而，無論多麼用心傾聽、跟另一個人如何親密，萬萬不能忘記一點：我們永遠不可能真正瞭解另一個人的心靈。還有，打探別人的隱私是失去信任最快的方式。杜斯妥也夫斯基在《地下室手記》（*Notes from Underground*）中寫道：「每個人都有些回憶只想說給朋友聽。有些他甚至不會說給朋友聽，只說給自己聽，而且是偷偷地說。還有一些他連自己都不敢說。每個正直的人都有不少這樣的事藏在心底。」[7]

這讓我想起丹尼爾・弗洛雷斯（Daniel Flores）告訴我的一個故事。他是德州布朗斯維爾教區的天主教主教；布朗斯維爾位於德州最南端，面積有四千兩百二十六平方哩。他跟寇奇一樣，見過許多痛苦掙扎的夫妻，這些夫妻總讓他想起結褵六十五年的祖父母。他記得小時候吃晚餐時，聽祖母說起祖父的情景。「我永遠不懂那個男人。」那一幕一直印在他的腦海裡。「奶奶深愛爺爺，兩人一起走過順境和逆境，卻還是有彼此猜不透的一面。」他說。

弗洛雷斯主教認為，期望全然的理解是很多關係生變的根源。「我們都希望表達自己，但若是以為有一個完美的人能夠完整接收我們要表達的事，注定會失望。」他說：「這不代表我們不應該隨時隨地努力溝通，把傾聽這份禮物送給對方，因為那就是愛，即使不是每一次都有能力理解。」

⌘

傾聽跟我們不熟的人，也會產生不同的偏見，但這些偏見其實根植於錯誤的假設。其中最明顯的就是確認偏見[8]和期望偏見[9]，兩者都源於我們對秩序和一致的渴望。為了理解廣大、複雜的世界，我們不知不覺在腦中打造了一個又一個檔案夾，把不同的人分門別類丟進去，甚至通常在他們還沒開始說話之前。這些分類可能是受到文化及更多個人經驗影響的籠統刻板印象。[10]有的在某些情況下或許管用，也算準確，但如果一個不小心，太快幫人歸類，就有可能阻礙理解、扭曲事實。這種「對對，我知道」症候群，讓我們還沒真正認識一個人就妄下結論。

常見的狀況是，我們遇到某個符合我們既定印象的人，或許是性別、種族、性傾向、信仰、職業或外表的既定印象，馬上覺得自己瞭解對方或對方的某些面向。假設我告訴你我是土生土長的德州人，這會改變你對我的想法嗎？或許。端看你對德州人的印象如何，我在你心中的評價可能降低或提高。如果我說我全身都是刺青也是。這種反射性的心智偏見，讓你產生理解的假象，進而降低你專心傾聽的好奇心和動機。不知不覺中，你會開始選擇性地聽人說話，只聽符合你先入為主的想法的內容。更有甚者，你會擺出一種姿態，要我證實你的期望。對了，刺青的事只是開玩笑。

一般人都覺得其他人受到刻板印象的影響，卻忘了自己也常常不經思考預設某些事情。研究發現，人不自覺會有分類的衝動，加上天生就難以想像沒遇過的狀況，所以難免都有偏見。[11]跟我們不同的人是什麼樣的人，我們很少完全清楚明瞭。此外，沒人能說自己跟誰有著相同的思維或價值觀，即使我們認為彼此很相似。當有人形容某人「說話像白人男性」或「說話像有色人種女性」，都是很荒謬的。沒有人能夠替別人發言，除了自己。

無論是白人男性、有色人種女性、福音派教徒、無神論者、遊民、億萬富翁、異性戀、同性戀、嬰兒潮世代、千禧世代，即便歸屬於同一類別，每個人的經驗也各有不同。根據年齡、性別、膚色、信仰、政黨、經濟狀況或性取向，預設同一類別的人都相同一致，只會把每個人變得貧乏又扁平。藉由傾聽，你也許會從彼此共同的價值觀和類似的經驗中找到安慰，但也會發現很多彼此的差異，承認並接受這些差異才有可能成長並理解他人。無處不在的集體認同感扼殺了傾聽的動機。但少了傾聽，又要如何發現每個人獨特的一面？

這牽扯到社交信號理論[12]和社交認同理論。[13]這兩種不同、但相關的理論至少可以追溯到一九七〇年代，主要探討人類如何間接傳達彼此的地位和價值觀。在遠古時代，社交信號可能是搥胸，或是在一家人住的洞穴外掛很多動物毛皮。社交認同可能是跟某個部落團結合作。現今，我們則是根據車子、衣服、學校等信號來衡量對方的社會地位。[14]此外，意識形態也愈來愈常納入評價他人的標準，如另類右派、自由派、保守派、民主社會主義者、福音教派、環保人士、女性主義者等。

社交信號和傾聽剛好背道而馳。假設你看到一個人穿著「素食者是好對象」（Vegans make better lovers）的T恤，或是一輛保險桿貼著步槍協會貼紙的貨車，你可能會覺得這些資訊足夠你理解那個人。或許他們十分認同這兩種身分，從中凸顯他們最重要的特質，這麼說也沒錯。但切記你認識的是人格，不是人本身，兩者差異甚大。表面下的人，遠遠超乎你的想像。

過去，缺乏安全感的青少年比較會利用大膽挑釁的信號建立認同感和小圈圈（想想哥德風、富二代、運動明星、毒蟲、書呆子、廢材、黑道、龐克族）。如今，建立認同圈成了更普遍的現象。社會愈來愈疏離的同時，人反而更明顯標榜自己的認同，尤其是政治立場和意識形態，藉此快速建立起忠誠度和連結。這樣的關係給人一種歸屬感，以及日漸式微的宗教團體在過去能提供的行為方針。[15] 此外，人缺乏安全感或感到孤立時，更容易誇大自己的感受、擁護極端的思想，藉此得到他人的矚目。

社群媒體當然是為了傳達社交信號量身定做的平台。[16] 讓人知道你追蹤某個人或組織、轉發什麼訊息、幫誰按讚，都是一種社交信號，傳達你的價值觀和酷帥指數。[17] 隨時可以Google人，誰還需要聽人說話？因為臉書、IG或LinkedIn上面就有你應該知道的所有事。然而，這就是為什麼初次見面時，大家不想報上姓名的原因，就怕對方直接上網搜尋，把他們的網路資料看透透，而不是認識真實世界裡的人。[18] 現在，約會時透露本名，已經成了關係發展的重要轉捩點。不想太快講出真名，反映了想被個別且深入認識的渴望，而不是經由發文、推特和其他信號讓人打分數，畢竟那些都無法準確呈現一個人的真貌。

T・S・艾略特在一九一五年發表的詩作〈阿爾弗瑞德・普魯弗洛克的情歌〉（The Love Song of J. Alfred Prufrock）中，感嘆自己必須「準備一張臉去見你見到的那些臉」。傾聽幫助你發掘「臉」（或臉書檔案）後面的那個人，讓你不被表面的信號限制，更加瞭解對方的真實樣貌，例如他們的小確幸和失眠的原因。藉由探問和傾聽，你對你見到的人表示好奇，也向你關心的人證明，即使他們勢必不斷地改變，你對他們的好奇和關心卻永遠不變。

跟某人「保持聯絡」或「維持聯繫」，不過就是傾聽那人心裡的想法。聯絡的頻率決定了這段關係的強度和長度。我們太容易自以為瞭解自己親近的人，就好比我們很難不因為刻板印象對陌生人產生先入為主的想像；對方若是發出強烈的社交信號，更會強化這種想像。但傾聽可以避免落入這些陷阱。傾聽將會翻轉你的期望。

5 人為什麼寧可跟狗說話——充耳不聞

假設有個朋友告訴你他剛失業，但又說他沒事，因為反正他從來就不喜歡他的上司，而且每天通勤累死了，光是今天開二十哩路去上班就花了他一個半小時。他每天七晚八晚才回家，太太跟小孩都吃飽了，從不等他吃飯，他就站在廚房隨便解決。提到不知如何開口跟家人說自己失業的事，他突然哽咽起來。後來他清清喉嚨，說他之前計畫要去墨西哥來趟豪華的釣魚假期，現在大概得取消了。

通常「我很難過你失業了」或「你很快就會找到新工作」這類回答，老套又敷衍，但當然也要看你跟對方有多熟，以及當下情況而定。「那種爛工作不要也罷」同樣搞不清楚重點。「你覺得這樣很慘？想當初我被裁員……」又會變成你才是重點。但好聽眾會察覺對方聲音哽咽，意識到朋友當下最煩惱的事，或許就會出現類似以下的回應：

「所以你現在得把這件事告訴家人？好難啊。你想他們會有什麼反應？」

密西西比大學的整合行銷傳播教授葛拉罕．博迪（Graham Bodie）的研究發現，要讓對方覺得被理解，聽者的反應不是點頭、重複或解釋對方的話，而是要提供描述性和評估性的資訊。[1]一般人以為有效傾聽是一種被動的活動，其實剛好相反。博迪的研究發現，傾聽也需要詮釋和互動。你的狗可以「聽」你說話。Siri 或 Alexa 也可以「聽」你說話。但是跟你的狗、Siri 或 Alexa 說話很難讓你覺得滿足，因為牠或它不會用富於思考和感情的方式回應你。而富於思考和感情，就是好聽眾應該具備的要素。

「人希望你能理解他們為什麼告訴你這件事、這對他們的意義，勝過事情的細節。」博迪告訴我。問題是，他跟同事一再發現，大多數人在這方面都不太行。他們收集的資訊顯示，聽者的情緒反應與說者的話語相互扣合的時間，還不到百分之五，難怪相較之下你的狗還算是不錯的聽眾。

所以，重點不是你朋友失業，而是那對他的情緒衝擊。能察覺這一點是傾聽的藝術，尤其對方習慣扯東扯西的時候（通勤、釣魚假期、太太）。你就像個偵探，不斷問「這個人為什麼告訴我這個？」，心裡清楚說話的人自己有時也不知道答案。好聽眾藉由問問題和鼓勵對方多說，幫助說者找出答案。當你回應之後，對方如果說「沒錯！」或

「你說對了！」，就表示你是個成功的聽眾。

二十世紀最具影響力的心理學家之一卡爾・羅傑斯（Carl Rogers）稱之為**主動傾聽**（active listening）。或許是「主動傾聽」聽起來衝勁十足，因此被商業界廣為採納，但理解其意義的人卻不多。確實，某間獲選為財星五百大企業的零售公司的員工手冊中（一個正在接受管理訓練的新人拿給我的，訓練師在檢討他的表現時說他要加強主動傾聽），對於主動傾聽的定義全無提到詮釋對方的情緒，而是把重點放在切勿姿態高傲，對方說話時要嘴唇緊閉，才不會給人你要插嘴的印象等等。這裡強調的是主動傾聽者應該是什麼樣子，而非該做什麼。

羅傑斯這麼形容主動傾聽時的自己：「我聽見字句、想法、語調、個人想傳達的意涵，甚至說者意識表層底下的意義。」[2]對他來說，主動傾聽的重點在於接納的心態，而不是外在的姿態。重要的是超越「請說事實就好，夫人」（譯註：美國一九五〇年代電視影集《警網》〔*Dragnet*〕中的警探常說的一句話）的心態，因為事實通常只占所傳遞訊息的一小部分。對話時，對方說的多半是對他們有意義的話。這些話會浮上腦海或從嘴巴講出來，是因為帶有期望值（valence），希望得到他人的回應。能夠理解話語底下的意圖和意義，你就能跟對方產生連結。

要是同事告訴你，她的辦公室要搬到別層樓呢？這裡的事實是：她的辦公室不再跟你同一層。但她說話時有微微嘆息或興奮激動嗎？還是揉著太陽穴，轉著眼珠子，抬起眉毛？她有沒有說她要搬去「該死的另一層樓」？搬去另一層對她有何意義？她為什麼要告訴你？

看她說話的方式而定，她可能為了正忙時還得打包東西而生氣。她也可能很興奮，因為她認為換新辦公室是肯定她對這家公司的重要性。她或許很緊張不安，因為新辦公室在更高樓層，而她又怕高。又或者，她很難過以後會離你更遠，因為她偷偷暗戀著你。如果你不像羅傑斯說的那樣主動傾聽，你就會遺漏訊息底下的意義，往後跟她往來也會搞不清楚狀況。

某人跟你說某件事時，就好像把一顆球拋給你。不聽人說話或要聽不聽的樣子，就像把兩隻手夾在身側或看往別處，讓球從你眼前飛過或打中你。在以上任一種場景，若你跟那位同事說「哦，好」或「你要箱子的話，我有」，都是沒接到球。好聽眾會聽出音調上和非語言的線索，問一、兩個問題弄清楚狀況，做出體貼而具體的回應。比方說，如果她覺得壓力大，就問她要不要更改開會時間。若你感覺到她對你有意思，就告訴她你很難過以後不能常常見到她——或是不會，如果你對她沒意思的話。

記住人是情感的動物，往往因為嫉妒、驕傲、羞恥、渴望、恐懼或虛榮而行動，而非冷靜的理性，這個世界就不會顯得那麼難以理解。人會採取行動和產生反應，是因為我們感受到了什麼。忽略這一點、只聽表面或完全不聽，等於在自找麻煩。覺得對方沒料又冷淡，只表示你不夠瞭解他們。金融家摩根（J. Pierpont Morgan）說：「人做事都有兩個理由：一個動聽的理由，一個真正的理由。」[3] 傾聽幫助你瞭解人的心態和動機，對於建立有建設性的合作關係不可或缺，同時也讓你知道哪些關係最好迴避為妙。

⌘

蓋瑞．諾斯納（Gary Noesner）在美國聯邦調查局服務三十六年，在二〇〇三年退休。有十年的時間，他都是調查局的首席人質談判員。他跟我說，那其實是「首席聽眾」的意思。他目前擔任國際危機顧問，專門幫助顧客處理海外綁票案。他喜歡把人的故事想成兩個同心圓，像個甜甜圈，裡面那圈是發生的事實，外面那圈是更重要的感受和情緒。「真正重要的不是生活中發生什麼事，而是我們對這些事的感受。」他說：「一般人從電視得來的印象，以為人質談判就像絕地武士的心靈控制術，能讓綁匪神奇地放下武器，或是發揮三寸不爛之舌說服他投降。實際上，是談判員透過傾聽去瞭解對方的想法。」

諾斯納舉了一個場景為例。有個男人用槍指著前女友。「我跟他說，『告訴我發生了什麼事』，然後聽他說、回應他的話，比方『聽起來她說的話真的刺傷了你』。」諾斯納說：「我設身處地聽他慢慢傾吐，或許之前朋友和家人都沒好好聽他說話。如果有，他大概就不會在這裡了。雖然是很簡單的事，但我們在日常生活中卻往往做得不夠。」

每次發生大規模槍擊事件或恐怖攻擊，常看到認識凶手的人說他「很少與人往來」，或是家人說他已經失聯，下落不明。在《科倫拜校園事件》（*Bowling for Columbine*）這部紀錄片裡，有人問重金屬樂手瑪麗蓮・曼森（Marilyn Manson），他會對發生校園槍擊案的社區居民和小孩說些什麼，因為據說凶手是受了他的音樂影響才犯下槍擊案。「我什麼都不會說，我會聽他們想說什麼。」他說：「沒有人會這麼做。」[4]

犯罪學家發現，大規模槍擊案的凶手通常不是精神病患，只是抑鬱又寂寞，犯案動機多半是想要報復。[5]新聞網站「追蹤」（The Trace）是一家專門追蹤槍擊案的非營利媒體。他們發現槍擊案凶手有個驚人的共同點，那就是跟社會嚴重疏離。無論犯案者是不滿的員工、疏遠的夫妻、不安的青少年、生意失敗的老闆、聖戰士或精神受創的老兵，他們都覺得沒人聽他們說話或瞭解他們，到頭來也不再聽任何人說話，只對他們灌輸自己的扭曲事實有感。[6]

對諾斯納來說，傾聽不只是一種危機談判策略，也是真誠地表達自己。跟他說話時，你可以感覺到他完全專注在你身上，哪裡都不需要去，因而使他不可思議、甚至難以抗拒地討人喜愛。許多跟他自首的凶手都說，他們不知道他說了什麼，只是喜歡他說話的方式。他其實說得很少，但每次回應都一語道破他們的感受。

諾斯納出差時有個習慣。晚上他會到飯店的酒吧用餐。「看著酒吧的其他人，我告訴自己：我要去找某某人攀談，挖掘他們的故事。」他說：「只要完全專注在某個人身上，你能學到的東西簡直讓你意想不到。」比方他碰過一個業務，他的興趣是走鋼索。「那次對話有趣得要命。」諾斯納說。那個男人告訴他，他在後院的兩棵樹中間綁電線練習，一開始為了克服摔下去的恐懼，他墊了很多墊子，還在身上綁繩子。

就跟芝加哥大學研究的通勤者一樣（他們去跟陌生人攀談時並未遭拒），諾斯納不記得曾經碰過不願意與他交談的人。事實上，等到對話結束、他回房之後，對方往往渾然不知剛剛的聊天對象是ＦＢＩ首席人質談判員。他們光顧著說，都忘了問。

這讓我想起一個常聽到的故事。故事主角是已故的德州石油大亨狄克・貝斯（Dick Bass）。他是有名的登山好手，喜歡參加難度極高的登山隊，逢人就講自己的登山經歷，包括搭機時剛好坐在旁邊的乘客。整趟跨國飛行途中，貝斯滔滔不絕說著麥肯尼峰和聖母峰有多危險，他差點命喪喜馬拉雅山，還有他打算再去爬一趟聖母峰。飛機快降落時，貝斯才想到還沒自我介紹。「沒關係。」旁邊男人伸出手。「我是尼爾・阿姆斯壯。很高興認識你。」[7]

如果不停下來聽人說話，就會錯失很多機會（可能看起來像個白痴）。談論自己不會充實你的知識庫，因為你已經認識自己了。對話結束時，問問自己：**我從那個人身上學到什麼？那人今天最煩惱的事是什麼？那人對我們的談話有什麼感覺？**如果回答不了這幾個問題，你或許需要加強傾聽的能力。如果你到哪裡都覺得沒有自己不知道的事，也就侷限了自己成長、學習、連結和改變的能力。」諾斯納說：「我認為好的聽眾善於敞開心胸傾聽他人的經驗和想法，並接納他人觀點。」

對他人開放和保持好奇是一種心態。接納他人的觀點並給予體貼的回應，進而讓人願意敞開心胸侃侃而談，則是一種需要培養的技術。諾斯納是個好聽眾，那是他反覆練習、累積經驗的成果。傾聽需要覺察、專注，還有挖掘並理解雙方到底在溝通什麼的經驗。好聽眾並非與生俱來，而是後天養成。

6 說話如龜，思考如兔[1]——說與想的落差

你有沒有正在跟人說話、魂卻不知道飛去哪裡，好像把對方調成靜音的經驗？對方的嘴巴在動，你卻聽不到聲音，直到某個字詞猛然把你拉回來，比方**性**、**明牌**或**借車**。然後你才回過神問道：「等等，你說了什麼？」

在交談中短暫失神，是「說想落差」（The speech-thought differential）造成的結果。說想落差是指思考的速度遠快於他人說話的速度。[2]一般人每分鐘可說一百二十到一百五十個字，只占八百六十億腦細胞驅動的腦袋頻寬的一小部分。[3]所以我們還有多餘的認知力可以任由腦袋遨遊，想許多其他的事，但久了仍會分心，沒注意聽對方說話。

別人說話時，我們的腦袋會小小神遊，分心去想自己齒縫有沒有菜渣，提醒自己回家路上要買牛奶，或是擔心停車時間是否會超過。說者的頭髮、穿著、身材，甚至臉上

的一大顆痣，都會讓我們分心。當然了，最讓我們分心的還是接下來要給什麼得體、機智或辛辣（若雙方正在爭辯）的回應。

接著，我們無可避免過於忘我，分心太久，有點趕不上對話。由於漏聽了一些內容，我們不知不覺會自己填空（但往往是錯的）。費茲傑羅在《夜未央》（*Tender Is the Night*）裡描寫得很貼切：「她斷斷續續聽到他要說的重點，再用潛意識補足其他部分，好比中間聽到了鳴鐘聲，腦中只留下第一下鐘聲，渾然不知總共敲了幾下。」結果就是對方說的話你一知半解，卻又不承認自己已經搞糊塗，反而再度沉入胡思亂想中。

高智商的人比較不會神遊太虛嗎？錯。事實上，聰明的人往往更不善於傾聽，因為他們有更多事可以分心，也更容易自認為已經知道別人要說什麼。此外，高智商的人通常比較神經質、容易彆扭，這表示擔憂和焦慮更有可能綁架他們的注意力。[4]

一般以為內向的人比較安靜，是較好的聽眾，但這也是錯的。傾聽對內向者尤其困難，因為他們的腦袋已經很忙，沒有空間塞進額外的東西。他們多半比較敏感，腦袋也可能比較容易飽和。傾聽對內向者來說，可能像耳朵遭到連番轟炸，要專心聽很難，尤其是說想落差讓腦袋有機會神遊的時候。[5]

「是利用還是濫用這種思考空隙，可以看出一個人專心聽人說話的程度。」洛夫．

尼可斯（Ralph Nichols）說。[6]他是明尼蘇達大學的修辭學教授，是很多人心目中的傾聽研究之父。剛開始在高中擔任口語老師和辯論教練時，尼可斯發現鍛鍊傾聽技巧的學生，後來辯論時都更具說服力。[7]這個發現點燃他的興趣，促使他在二〇〇五年逝世前寫下許多探討傾聽的文章和著作。

尼可斯認為，好的聽眾就是不把多餘的腦袋頻寬拿來神遊太虛，而是更認真地理解並感受對方說的話。他說，善於傾聽就是不斷問自己，對方傳達的訊息是否有根據，他們告訴你這些事的動機又是什麼。

聽起來很簡單明瞭，但缺乏覺察、意念和反覆的練習，即使是很短的對話也很少人能做到這一點。他在針對數千位學生和商業人士的研究中發現，一段短短的對話才剛結束，大多數人已經忘掉了至少一半的內容，無論他們覺得自己有多專心聆聽。兩個月後，大多數人記得的只剩下二五％。[8]如果要超越一般人，把傾聽想成近似冥想會很有幫助。意識到並承認自己分心，然後把自己拉回來，只不過不是回來專注於呼吸或腦中的畫面，而是專注於說者。

阻止我們專心聽人說話的最大障礙，或許是擔心自己接下來要說什麼的心理折磨。要放開瑣碎的想法比較容易（例如要到雜貨店採買什麼物品），要阻止自己在腦中準備下一句回應就難得多了。無論工作上或私底下、話題嚴肅或輕鬆，每個人都會緊張地找話說，甚至害怕說錯話。

在這個日益極端化的社會裡，這種風險似乎更高，因為隨時會有人覺得不受尊重或遭到藐視而攻擊你，或者把事情貼上網。拜社群媒體上的冷血希臘合唱隊之賜，由於口誤或衝動發言而擔心受到謾罵、甚至身敗名裂，都是合理的恐懼。說話要慎選用字，因此當對方還在說話時，我們就會在腦中斟字酌句。

舞蹈家和編舞家莫妮卡·比爾·巴奈斯（Monica Bill Barnes）以強而有力且充滿自信的表演聞名於世。在舞台上，她就是力量的完美展現，頭高高昂起，動作從容自若。但她告訴我，用「全部的自己」去傾聽，讓她覺得不堪一擊。「我想重點在於，接受自己在對話中並非十全十美。」她說：「傾聽就是決定不再擔心接下來要說什麼。」這麼一來，才能讓「別人的想法和意見通過你的邊防」。

諷刺的是，豎起防衛、不全心傾聽，反而會增加自己回答失當和反應遲鈍的機率。愈是分心去想該說什麼才好，愈可能在該說話的時候說錯話。就如同尼可斯指導的辯論學生，他們愈是認真傾聽就愈有說服力，當你充分理解對方要說什麼的時候，也會給予更好的回應。接下來，如果必要，對方說完結論後，先暫停一下，想想自己想說些什麼。儘管我們害怕沉默的程度幾乎跟害怕說錯話不相上下（後者還是居多），在一個人說完話後稍停一下，其實是一種專心的表現，反而對你有利。

華府某位外交官告訴我，他當年娶他太太就是因為「她在我說完一件事之後會停兩拍。我看得出來她在想我講過的話」。接著他又說：「這是我的第二次婚姻。第一次失敗就是因為缺乏傾聽。」值得一提的是，就算你說「我不知道要說什麼」，也沒關係。你也可以說「我得再想一想」，這表示你重視對方說的話，想花時間思考一下，同時也重視你還不確定、仍需時間消化的部分。

常備錦囊妙語可能不是跟人產生連結的最好方式。根據自體心理學（self-psychology）的原則，說錯話創造了修補的機會，反而能強化你跟他人的聯繫。自體心理學率先由奧地利精神分析師海因茨．柯胡特（Heinz Kohut）在一九六〇年代開始發展，近十年才廣為人知。根據其理論，修補過的裂縫是關係本身的結構，而非補釘。[9]確實，想想你信任以及生活中跟你最親近的人，無疑都是犯過錯後回頭修補關係的人。

結論是，擔心接下來要說什麼反而對你有害。若能敞開心扉傾聽，回應會更好，連結更強，你也會更自在，同時讓對話更有趣，因為你聽得進更多資訊。你不只在聽對方說話，也用多餘的腦力注意對方的肢體語言和音調變化，此外還能思索對話的脈絡和對方的動機。

拿自我介紹為例。自我介紹時，我們往往漏聽對方說的話，包括名字，因為我們忙著打量對方、擔心自己表現如何、接下來要說什麼。碰到一隻狗就不會這樣，所以你很容易記住小狗的名字，卻記不住狗主人的名字。但如果你好好分配腦中資源，專心傾聽對方的開場白和非口語表現，你會發現對方說的話有趣極了，也能很快抓到對方的價值觀和缺乏安全感的一面，這樣就更容易記住他們的名字。

假設你在派對上分別遇到兩位女性。一位立刻說她是常春藤名校畢業生，另一位劈頭就說她丈夫今晚不能陪她一起來。這兩人真正要表達的是什麼？或許第一人想說「我很聰明，放尊重點」，第二人想說「我在這世上並不孤單，有人愛我」。

這很像電影《安妮・霍爾》（*Annie Hall*）的一個場景。伍迪・艾倫和黛安娜・基頓在頂樓陽台上尷尬彆扭地聊天，底下字幕寫出他們心中真正的想法。[10]好聽眾不會陷在自己的想法、不安和膚淺的判斷中，而會聽出對方的潛台詞和非語言的微妙細節，例如常春藤校友緊繃著下巴，或是落單的妻子不斷轉著手指上的婚戒。好聽眾利用多餘的腦力注意這些事，收集話語以外的資訊。

你或許有過完全投入一場對話到渾然忘我、時間不知不覺流逝的經驗。誰說每次對話不能都那樣進行？承認自己分心，並抗拒繼續神遊，你才能在別人的故事裡自在遨遊。這種傾聽經驗不只在當下令人著迷，也會長存心中，形成我們人格的一部分。即使你不喜歡一個人，但願永遠不用再聽他說話，這個方法也很有用。

幾年前，我訪問了一位知名詩人。他的詩作敏銳細膩又平易近人，本人卻渾身是刺。當我說我不熟悉他欣賞的某個作家時，他回我：「你完全不知道？」尼可斯和其他溝通專家的著作都指出，可以想像人在這種情況下多半會停止傾聽，腦中只想著對方真是個混蛋，要如何反擊或擺脫這個人。

至於那個渾身是刺的詩人，我畢竟有工作在身，不得不繼續聽他說。後來我才發現，他強橫的說話方式是想讓我對他刮目相看，才炫耀他認識哪些名人、得過哪些獎項。他對我的輕蔑是一種防衛，免得我先否定他。當他談到更多自己的生活和興趣時，我發現他鬱鬱寡歡，害怕自己不值得獲得種種肯定。要是我那時候分心，緊抓著他的無禮不放，就不會有這些發現。對話中，他一再打開一小片通往他內心世界的門縫，然後又當著我的面甩上門，外加一句酸言酸語。雖然我不能說最後我對這位詩人有什麼好感，但至少我對他有了某種程度的理解，甚至是同情。

7 為什麼感覺像是被追殺——傾聽對立意見的時候

吉里安．陶德（Gillien Todd）在哈佛法學院開的談判課中告訴學生，聽人說話要隨時留意自己的內在姿態或態度。她說，如果認為對方沒什麼料，不值得花時間聆聽，或把對方看成敵人、比自己低下或無趣的人，那麼無論多麼認真點頭、解釋別人的論點，或直視對方的眼睛，看起來都很假，談判終究會失敗。「內在姿態應該是好奇的姿態。」陶德告訴學生。意思是說，他們應該為了好奇而發問，而不是為了證明某個論點、設下陷阱、改變別人的想法，或是害對方出糗。

這要說服她的學生很難。其中很多人能夠在學術界更上一層樓，就是靠著清楚有力地證明自己的論點和立場。要是敞開自我傾聽別人的意見，會讓他們的論點站不穩腳跟呢？「我的學生很清楚表達了那種恐懼。」下課時間陶德告訴我：「他們擔心要是自己認真聽，或是真的理解對方的觀點，就會看不見對自己來說重要的事。」

正因如此，人才會聽肯定自己觀點的個人和媒體所說的話。也因為如此，要耐住性子聽完跟你意見不同的人發言而不跳起來反駁他，才會那麼困難，其他非語言的反駁方式，例如抱著雙臂、搖頭嘆氣或是翻白眼，就更不用說了。我們之所以會難忍衝動，是因為當深信不疑的信念或立場受到挑戰，甚至只要有一點我們可能錯了的蛛絲馬跡，那種感覺就像威脅到了我們的存在。

南加大洛杉磯分校大腦與創造力研究中心的神經學家，找來政治立場堅定的受試者，用功能性磁振造影觀察他們的信念受到挑戰時，腦中活動有何變化。有些人的腦袋亮起來，彷彿被熊追趕一樣。[1]人面臨這種迎戰、逃跑或原地不動的時刻，要傾聽更是難上加難（「告訴我，熊先生，你為什麼要追我？」）。

近幾年的抗議學生表示，聽取反對觀點和意見讓他們覺得「不安全」。[2]根據布魯金斯學會對大專院校學生所做的全國調查，五一％（超過一半）的受訪者認為，大喊大叫不讓他們不認同的講者說話是「可接受的」，一九％（將近五分之一）贊成用暴力阻止這樣的講者發表演說。[3]

同理，政治人物拒絕考慮對手的提案，稱對方的想法很「危險」。[4]現在我們很難想像政治對手能像民主黨的眾議院議長提普・奧尼爾（Tip O'Neill）和共和黨總統雷根那樣維持友好的關係。兩人常一起在白宮喝一杯。一次特別針鋒相對的辯論過後，[5]奧尼爾跟雷根說：「老兄，這就是政治。六點過後，我們就可以變回朋友了。」[6]願意對話、放下防衛和傾聽對方，是歷史學家認為這兩人能夠彼此妥協，通過指標性的社會安全改革法案的原因。[7]

亞利桑那州的參議員約翰・馬侃（John McCain）在雷根任內一直擁護兩黨制的精神。二〇一八年他死於腦癌，在這之前他勸告同事要回歸「正常秩序」，亦即法案要由兩黨成員組成的委員會共同草擬。他呼籲議會同仁聽取走道對面的人所說的話，不要擬出一份一黨獨大的法案。那種法案一送到議會就壽終正寢，常常連表決的機會都沒有。「我們或許不喜歡正常秩序所需的妥協，但如果要找到真正且長久的解方，我們可以妥協，也必須接受妥協。」馬侃在《華盛頓郵報》的一篇社論上寫道：「面對如今嚴重對立的世局，國會所有人都有責任在美國大眾面前捍衛妥協的必要。」[8]

馬侃要是知道同事之後在聲名狼藉的「發言棍」事件的所作所為，應該會很失望。[9]

二〇一八年美國政府曾經兩度停擺。第一次，緬因州參議員蘇珊・柯琳絲（Susan Collins）對聚集在她辦公室準備進行兩黨預算協商的同仁，亮出一根串珠裝飾的彩色發言棍，希望協商以文明的方式進行。發言棍是北美和非洲原住民部落的一項傳統。手中持有發言棍的人才能發言，其他人都要聽他說。但在柯琳絲的辦公室裡，沒多久就有一名參議員把發言棍丟向另一名參議員，打破櫃子裡的玻璃大象。

在社群媒體上，大家當然想說話就說話，也不用聽自己不想聽的意見。每個人都可以發表未經調解和編輯的言論是很民主沒錯，但只聽立場不會受到挑戰的言論卻不然，這樣只會孕育出封閉的思考和所謂的「另類事實」（譯註：媒體指控白宮發表的川普總統就職典禮參加人數不實，總統顧問凱莉安・康威〔Kellyanne Conway〕辯稱那是「另類事實」，而非謊言）。[10] 美國總統川普說過一句名言：「我的主要顧問就是我自己。」[11] 川普自己常常發推特，本身就代表了政治體制的轉型：左右兩派都可以在網路上打造自己的真實，鼓吹未受挑戰的論述，毀謗對手，抵制或刪除不喜歡的內容和評論。

結果就是不同陣營各有各的資料來源。任何人或機器人都可以即時發布各種意見和批評。這些文章的來源、動機或正確性未經查證，就被轉推或按讚，而且往往真假難辨，因為推特最多不能超過一百四十字（包含驚嘆號！）。在無實體的推特和臉書文章中來回筆戰，比面對面跟真人辯論更難，導致火藥味愈來愈濃，最後演變成極端的政治和文化論戰，不信任、毒舌和恐懼也隨之而來。

這就又回到本章一開始說的被熊追趕的感覺。皮尤研究中心（The Pew Research Center）發現，現今很多人不只對不同政黨的人感到沮喪和憤怒，還有恐懼。[12] 五成五的民主黨員說他們害怕共和黨，也有四成九的共和黨害怕民主黨。資深政治研究者法蘭克．倫茲（Frank Luntz）訪問一千人對政治對話的看法後，發現將近三分之一的人說他們從二〇一六年的選舉之後，就因為政治立場不合，不再跟朋友或家人說話。[13]

亞利桑那大學的全國文明對話研究所發現，從二〇一六年之後因為政治對立而導致家人失和、信徒反目、同事衝突而來求助的案子增多。設於麻州劍橋的類似機構「關鍵伙伴」（Essential Partners）接到的類似電話也遽增，要求他們為兩個因為政治觀點不同而撕破臉的人安排相互尊重的對話。

文明對話研究所的所長卡洛淋．路肯斯梅爾（Carolyn Lukensmeyer）告訴我，她帶領的組織之前主要針對無可救藥偏向某一政黨且僵持不下的國家立法者。*「但現在有了很大的改變。我們看到的是日常生活下的嚴重兩黨對立，辦公室、家裡、學校和教會

---

* 全國文明對話研究所在二〇一一年亞利桑那州的前女議員嘉貝麗．吉佛斯（Gabrielle Giffords）遭到槍擊後成立。

都有，大家都在相互詆毀和妖魔化。」她說：「這種彼此嫌惡和排擠的程度很極端，而且害人匪淺。」

就如吉里安．陶德跟學生所說的，調低內在的警鈴或「閉嘴，**你**這笨蛋」的衝動並非不可能，只要你提醒自己，採取平靜、開放、好奇的姿態，而不是擺出憤怒、激動或警戒的姿態，畢竟那樣只會築起意識形態的壁壘。更有建設性的作法是傾聽對方，發掘他人的結論從何而來，你可以從他們身上學到什麼，無論最後你是改變或強化了自己的想法。每當你覺得自己快要跟意見不同的人起衝突時，趕緊深呼吸，問他們一個問題，但不是為了戳破對方邏輯上的漏洞而問，而是為了深入瞭解對方的邏輯從何而來。

事實上，唯有願意讓自己的信念遭受挑戰，我們的信念才會更加堅定。自信的人不會被不同的意見激怒，也不會在網路上反駁他人以宣泄怒火。若對自己的信念有把握，就不會在尚未瞭解一個人之前，就認為對方笨到極點或心懷惡意。外在標籤和政治立場只是一個人的一小部分。真正有效的反對，要先充分瞭解對方的觀點，以及這樣的觀點是如何發展出來。他們是如何產生現在的見解？你又如何來到今天的立場？唯有傾聽，才能在瞭解之後做出回應。此外，傾聽會帶來更多的傾聽。認真被傾聽的人，更有可能傾聽你說話。

⌘

生活中意見不合或意見衝突在所難免，無論是為了政治意識形態、倫理問題、商業往來或個人私事。與人起爭執時，傾聽研究之父洛夫．尼可斯的建議是，注意聽你可能搞錯了的跡象，而不是聽對方論證中的毛病，更不要關上耳朵或從此跟對方老死不相往來。這需要某種程度的寬宏大量，但如果你保持開放的心，願意接受自己錯了或至少不完全對的可能，你從對話中得到的收穫就會多很多。

這個方法也獲得科學的證實。動用高階思維可以減少杏仁核的活動。[14]杏仁核是人腦原始構造中兩個形似杏仁的結構，會在我們感受威脅時產生某些反應（如脈搏加速、肌肉繃緊、瞳孔放大）。我們看到蛇會直覺地跳起來，或反射性地躲開朝我們飛過來的東西，就是杏仁核的作用。但同時也讓我們在別人亂超車時燃起一把無明火，或在推特寫下太過毒舌的內容，因為它跟理性是死對頭。

研究顯示，杏仁核活動和腦中負責傾聽部位的活動剛好成反比。[15]當一邊的活動很激烈，另一邊就剛好相反。杏仁核活動會蒙蔽判斷，讓人拒絕思考，變得不理性。辯護律師要委託人模擬折磨人的交叉詰問，基本上就是在訓練委託人的杏仁核減少反應，如此一來，開庭時才不會被對手一激就慌了手腳或意氣用事，說出不利的答案。

有趣的是，根據阿瑪德．哈里里（Ahmad Hariri）的研究，杏仁核過度活躍的人比較容易焦慮和憂鬱。[16]他是杜克大學的心理學和神經學教授，其研究室專門研究杏仁核及個人承受壓力時，杏仁核受刺激的程度變化。舉例來說，所謂直升機父母的小孩遇到困難時，杏仁核較容易過度反應。[17]他們感受到的威脅特別強烈，因為父母隨時會干涉他們。另外值得一提的發現是，自閉症患者小時候的杏仁核細胞元過多（因而反應過度），長大後卻又太少，往往因而變得反應遲鈍或缺乏反應。[18]

哈里里告訴我，還不是太久以前，杏仁核幫助人類對抗或逃離危險，如獅子、老虎和熊。但現今我們最大的煩惱成了社交受挫、被孤立和排擠。「人類能晉升到動物王國的頂端，跟我們的社交能力、懂得互相學習和互相幫助息息相關，但同時也讓我們更禁不起被輕視和侮辱。」他說：「他人如今代表對我們幸福的最大威脅，這也反映在種種跟社交有關的焦慮上。」

這說明了，人在意見不合時為什麼會比誰大聲，激動得臉紅脖子粗，而不是相互傾聽。在那個當下，腦袋的原始反應將不同的意見解釋成被部落拋棄、孤立無援，憤怒和恐懼也就隨之而來。無怪乎政治立場不同會毀了家族聚餐，朋友也會為了爭論《星際大戰》和《星際爭霸戰》哪部科幻片拍得較好之類的瑣碎小事而大打出手（在奧克拉荷馬州實際發生的事件，最後警察依襲擊毆打罪將人逮捕）。[19]但傾聽實際上能讓人類這個物種免於危險，成功存活下來，只要我們能克服杏仁核啟動的防衛機制。

「主動傾聽」一詞乃是由心理學家羅傑斯所創。根據他的看法，傾聽反對意見是個人得以成長的不二法門：「雖然我還是討厭重新調整想法，還是討厭放棄過去的感知和認知方法，但在某個更深的層次，我深刻地發現，這些痛苦的重整過程就是我們所知的學習。」[20]

這不表示傾聽和考慮不同意見是件容易的事。這對承諾選民會堅守信念才當選的政治人物很難。對受到不同族群支持、偏離觀眾期望就可能丟掉收視率的媒體很難。對一般人也很難，因為我們的社交圈愈來愈侷限於政治傾向和意識形態與我們一致的人。

在現今的世界裡，跟相反意見的人往來，幾乎被視為一種背叛。一名政治傾向偏左的景觀設計師告訴我，她在臉書上看到一個童年好友去參加川普的造勢大會，之後就不再跟他說話，她解釋：「他收不回貼文，也無法給我一個解釋，可以讓我釋懷。」同樣地，某個商用機飛行員也告訴我，他不會跟支持伯尼・桑德斯（Bernie Sanders）和亞歷山德里婭・奧卡西奧・科爾特斯（Alexandria Ocasio-Cortez）等極左派政治人物的副駕駛員一起工作，他認為：「這代表他們判斷力不佳，缺乏基本的分析頭腦。」

英國浪漫主義詩人濟慈在一八一七年寫給兄弟的信中說，一個人要有所成就，必須具備「否定能力」（negative capability），亦即「在不確定、神祕、疑惑時，不貿然去抓取事實和理由」。[21]好聽眾也具有否定能力，能夠處理對立的看法和灰色地帶，因為知道事實往往並不僅止於表面所見，所以不急著尋找方便的推論和立即的答案。這或許就是心胸狹隘的相反。否定能力也是創造力的根源，因為它指向思考的新途徑。

心理學稱否定能力為**認知複雜度**（cognitive complexity）。[22]研究顯示，認知複雜度高的人較懂得自我疼惜，面對自己的缺陷，低的人則容易專斷獨行。認知複雜度較高的人，因為可以心平氣和地傾聽他人，對各方意見保持開放，所以較能儲存、找回、組織、生產資訊，進而更善於與人交流並提出新的想法。此外，他們也能做出更好的判斷、更正確的決定。[23]

蘋果創辦人賈伯斯有個眾所周知的習慣。他會雇用那些無論他如何強力推銷、甚至強迫他們接受他的意見也不怕反駁他的人。甚至每年蘋果的員工還會頒獎給最會反抗他的人。[24]賈伯斯本人知道也喜歡這種作法。他就像在尋找某個強迫他非聽不可的人，即使剛愎自用才是他的本性。據說有個員工跟賈伯斯辯論，即使堅信賈伯斯的邏輯有漏洞，他終究還是因為筋疲力盡而讓步。後來證明那位員工才是對的，賈伯斯卻指責他：「你的工作是說服我相信自己錯了，而你失敗了。」[25]

蘋果的前首席設計師強尼．艾夫（Jony Ive）則有不同的看法：蘋果最重要的產品，包括 iMac、iPhone、iPod 和 iPad 都是在他的監督下研發完成。他說管理者最重要的角色是「讓安靜的人可以發聲」。賈伯斯跟艾夫採取的傾聽方法雖然不同，容忍程度和天生資質也各異，但兩人似乎都知道傾聽的重要性。傾聽是創新設計的火車頭。少了傾聽，很難理解渴望和察覺問題，更不用說提出巧妙的解決方法。

傾聽並不表示、甚或暗示你同意某人的看法，只是代表你接受他人有權發表看法，而且你可能從中學到東西。同時也表示，你接受事實可能不只一種，而理解全部的事實或許能讓你看得更透徹。好的聽眾知道理解並非二元對立。不是有或沒有。理解永遠可以更進一步。

8 大數據時代該怎麼聽——專注在重要的事情上

在亞利桑那州坦佩城一座鏽色的孤峰頂上，放眼望去都是絲蘭和仙人掌。一年一度的質性研究顧問會議（簡稱QRCA）就在這處名勝舉行。大家忙著互相交流，建立人脈，好不熱鬧。以一個集合了專業聽眾的場子來說，現場出人意外地吵鬧和混亂。研討會中心裡有一間間北美原住民主題的會議室，出席者在不同會議室之間奔走，參加不同的活動，在鋪滿地板的絨毛地毯上留下「之」字形痕跡。我手提袋裡的會議手冊上說明，我們來這裡是要「將發現、分享和洞察的藝術和科學淬鍊成熟」。此外，主辦單位還規畫了日出瑜伽，下午也有冰淇淋聖代等著我們。

質性研究顧問是企業、政府組織和政治候選人請來傾聽他們的專家。這些人想知道一般人對他們的產品、平台、商標或宣傳活動有何看法時，就會找「質人」（qual）來幫忙。幾十年來，質性研究的黃金法則都是找來一連串的焦點團體（focus group）進行訪談。但在這次的研討會上，看得出來更快速、更便宜的方法才是當前的趨勢。也就是不再請人坐在桌子前面分享他們的看法，而是仰賴科技做更多的調查。

研討會的展示廳擠滿了推銷自家產品的攤位，標榜不用聽人說話就能知道他人的看法、動機、信念和渴望。有個攤位擺出很像 Google 眼鏡的生物測量裝置，可以追蹤身體的激動反應，如瞳孔、體溫、血壓和心律。另外，還有個電腦程式可讓使用者拖拉圖片，表達他們對某產品或服務的看法——小貓表示優，蛇表示差。

在其中一場分組會議裡，有個戴鼻環的千禧世代講者為大家示範，如何用 Tinder、Snapchat 和 Couchsurfing 之類的應用程式來做質性研究。她教我們用社群媒體網羅用戶對女性生理用品或冷凍晚餐的看法。她用 PowerPoint 報告時，順便讓我們看了她的 Tinder 檔案。照片中的她跨坐在摩托車上，跟 Tinder 上的典型照片沒兩樣，是現實的美化版。台下有個戴著半月眼鏡、穿著實用鞋子的女人提問，要是檔案照片是像她這樣的年長女性，怎麼會有人對她有興趣。我背後有個人低聲說，Tinder 上有不少「色胚」，對什麼都有興趣。

那一刻，我想像焦點團體之父羅伯·莫頓（Robert Merton）大概會從墳墓裡跳起來。

莫頓是哥倫比亞大學的社會學家，一九四〇年代，美國戰時情報局請他來研究宣傳方法，[1]特別是何種反納粹文宣最能打動美國大眾。[2]他使用的方法就是所謂的焦點訪談（focused interview）。[3]先找來一小群人，問些特定、探詢式的問題，然後記下答案。相較於先前找來更大一群人，讓他們針對較普遍的問題按下綠色（喜歡）或紅色（不喜歡）的按鈕，這種方法後來證實有效得多。

舉例來說，一般以為將納粹描寫成嗜血狂魔，就能激勵美國人上場打仗，結果發現剛好相反，受訪者按下了紅色按鈕。透過焦點訪談，莫頓得以發現背後的原因：受訪者擔心本國子弟會慘遭納粹血腥屠殺。他也發現，強調榮耀、民主和理性的美國價值，才是真正能激勵美國大眾的宣傳方法。

沒過多久，美國企業和廣告商就聽聞了莫頓施展的魔法。*透過焦點團體最早塑造的一項產品是 Betty Crocker 的蛋糕預拌粉。裡頭一開始含有蛋粉，只要加水就可製成蛋糕。結果這種預拌粉沒有受到美國主婦的青睞。一九五〇年代的焦點團體後來揭曉答案：主婦表示預拌粉簡單到讓她們有罪惡感。

於是，推出該商品的通用磨坊重新修改配方，拿掉蛋粉，讓主婦在烘焙過程中更有參與感。打蛋和加水感覺起來更有模有樣，新鮮雞蛋也讓蛋糕更蓬鬆。但若非有人聽取消費者組成的焦點團體的看法，就無法有這樣的改變。[4]

很快地，焦點團體決定了商店貨架上許多商品的外觀、形狀和內容，至今繼續影響產品研發、服務方式、電視電影甚鉅。政治候選人也會利用焦點團體來決定選戰的主打議題和髮型。

然而，現今有很多決策愈來愈常以大數據為基礎。焦點團體之類的質性研究方法日漸式微，量化研究開始流行，例如線上分析、社群媒體監測、通訊追蹤。部分原因是公開和私人的線上和消費資料暴增，以及焦點團體研究花費昂貴，通常一個團體要花五千到九千美金。此外，要找到所謂的處女焦點團體成員愈來愈難。焦點團體變得無所不在，有些人靠提供意見賺外快，發表兩小時的看法就有五十到一百美金入袋（外加免費的燕麥棒和 M&Ms 花生巧克力）。

照理說，篩選過程會淘汰掉半年內參加過一個以上的焦點團體的人，問題是人會說謊。有個焦點團體的老手在網路上的教戰手冊上寫道：「如果他們沒頭沒腦地問你：『去年你有沒有買過跑步機？』你就說有。如果答案不是他們想要的，他們便不會再

＊趣味知識：莫頓成為大學教授之前曾當過魔術師。

問。」他的記錄是一星期接四個焦點團體。5

儘管焦點團體存在著漏洞，行銷和廣告主管卻告訴我，傾聽往往還是比數據表格更有啟發性，即使傾聽的對象是「焦點團體狂」。諷刺的是，就算是販賣數據資料的科技公司，也會利用焦點團體找出服務顧客更好的方法。正如波士頓某家金融機構的行銷主管所言：「焦點團體最大的好處是可以聽到實際的回應，而不是看打勾表或毫無解釋的點擊率。」

我觀察過不少次焦點團體從頭到尾受訪的過程。有趣的是，他們很快就會忘卻有人在雙面鏡後面觀察他們，開始對著鏡子檢查牙縫、撥頭髮、嘟嘴，不管我至少還有半打廣告和行銷人員盯著他們，而且明顯必須忍住不笑。

更重要是，受訪者討論起大至公共事業、小至腋下止汗劑的話題時，也一樣自然不做作。儘管我強烈懷疑有些人是老手（比方那個因為某女坐到他平常坐的位置而請她起來的男性），但每次離開一個焦點團體，我都會對目標商品的販賣或服務有了一些心得。

但能學到多少，完全要看主持人的功力而定。有些主持人拙於傾聽到讓人直冒冷汗，不僅打斷人說話，還會嘲笑人、主導問題，或是在受訪者清楚表示想說更多時停止發問。我猜想這類主持人就是新款可口可樂、奇多潤唇膏、哈雷香水這類失敗商品推出之前，負責帶領焦點團體的人。然而，也有主持人傾聽及引導發言的功力出神入化，能讓害羞膽小的人暢所欲言、愛說大話的人有所節制，引出源源不絕的獨到觀察和有趣經驗。

這就不得不提娜歐蜜這號人物。對其他人來說，她是娜歐蜜・韓德森（Naomi Henderson），但是在質性研究圈裡，「娜歐蜜」三個字的地位就跟碧昂絲、蕾哈娜、雪兒和瑪丹娜一樣崇高。她在亞利桑那州的QRCA研討會上走動時，大家都會停下來用手肘互推，嘴角輕聲說：「是娜歐蜜！」好多人圍在她身邊，請她在她自費出版的書《主持大師的訣竅》（*Secrets of a Master Moderator*）上簽名，內頁通常摺了很多角。

今年七十六歲的娜歐蜜主持焦點團體將近半世紀，至今屹立不搖，世界各地都競相邀請她去主持焦點團體或訓練主持人。質性研究領域的人會告訴你，他們去馬里蘭州的羅克維爾參加娜歐蜜的RIVA訓練所，驕傲的口氣彷彿在說他們是哈佛或耶魯畢業生。

娜歐蜜身材高䠷，琥珀色眼睛和染成紅棕色的頭髮十分亮眼。她主持的焦點團體決定了現代版傑邁瑪阿姨（Aunt Jemima）楓糖漿和美國運通黑卡的產品外型。[6]她的提問讓肯德基炸雞用了「We Do Chicken Right!」的標語，也讓柯林頓的幕僚得知第一次競選時，選民聽到柯林頓強調自己的南方腔就討厭。

「檯面上的柯林頓是羅德獎學金得主、常春藤名校畢業生，還是阿肯色州的州長。

焦點團體想知道，這其中有哪個部分讓他想裝出嚼乾草、喝啤酒、開發財車的鄉下人的說話腔調。」娜歐蜜用她低沉有磁性的聲音說：「團體裡的人說：『我們不需要一個跟我們相像的人，寧可要一個我們可以景仰的人。』」

跟娜歐蜜在一起，你會發現她輕易就能跟人打成一片。無論對象是名人還是無名小卒，她都可以神奇地改變自己的參考點，看到對方看事情的角度。這是她主持六千個焦點團體、日積月累練成的技巧，其中包括妓女、做過結紮逆轉手術的男性、打掃家裡到走火入魔的主婦、有兩次死產的婦女、逃漏稅的人、開怪獸卡車（譯註：改裝過的皮卡車，特點是巨型輪胎）的男性。她用專業的角度傾聽過共五萬多人說話。

她最厲害的一點，就是問的問題不會扼殺受訪者想說的話。譬如，她主持過一個焦點團體，目的是幫某家連鎖雜貨店找出顧客深夜購物的動機。但她沒有問一些最顯而易見的問題，比方「你晚上購物是因為白天沒時間嗎？」「因為晚上店裡人比較少？」「你喜歡晚上購物，是因為店家都是晚上補貨嗎？」之類的問題。這些都是晚上購物的合理動機，一問出來，八成會得到肯定的答案。

娜歐蜜也不會直接問他們為什麼晚上購物。她說「為什麼」很容易讓人產生防備，好像必須證明自己理由正當。相反地，她把問題轉化成一種邀請。「告訴我你上一次十一點過後去購物的情景。」一個安靜低調、到目前為止都不太出聲的女性突然舉手，說道：「我剛抽了根大麻，想去找個三人行——我跟班，還有傑利（譯註：Ben & Jerry's〔班與傑利〕是知名冰淇淋品牌）。」這種獨到之處，就是公司雇用娜歐蜜的原因。

娜歐蜜於一九四〇年代出生於路易斯安那州的混血家庭。父親是約瑟夫・亨利・賀斯頓（Joseph Henry Hairston），美國陸軍的第一位非裔直升機飛行員。[7] 由於軍中調動，娜歐蜜十歲前換過十四家小學。一九五〇年代她在華府上中學時，學校只有七名黑人學生，她是其中之一。「我覺得童年所受的訓練，奠定了我日後生涯的基礎。」她解釋：「因為我得學會很快融入他人。」轉到新學校，還有後來成了大家排擠的對象，都教她如何「傾聽及快速衡量一個人」。

她告訴我這些事的時候，我們正坐在她位於羅克維爾的殖民式住宅的飯廳裡。外頭下著雨，我用 Swiffer 除塵紙很快把身上的雨水擦乾。這個產品會成形，娜歐蜜也功不可沒。Swiffer 是一款以「刮鬍刀和刀片」為藍圖研發出的熱銷清潔商品。消費者買了類似拖把的手柄之後，只要再買拋棄式清潔紙裝在上面，就能使用。「Swiffer 不是我打造的，但它誕生時我在那裡。」娜歐蜜說。

Swiffer 的構想有部分來自一群所謂的清潔狂組成的焦點團體。對這群女性來說，維持家中整潔不只是「僅次於虔誠」的事，也是好太太、好媽媽的標準。當娜歐蜜鼓勵她們談談自己的生活和打掃習慣時，有一人表示，使用紙巾而不用清洗後可重複使用的抹布，讓她很有罪惡感。罪惡感？娜歐蜜想知道更多。那位女性接著解釋，為了避免自己太過浪費，她會存下「只用過一點」的紙巾，比方拿來擦手、擦乾萵苣上的水分或濕答答流理台的紙巾，一天結束時，她就把這些濕紙巾丟在地上，用腳抹一抹地上的污垢。團體中的一些女性附和她們也會這樣做。「於是，就有了拖把穿紙巾的構想。」娜歐蜜說，亦即 Swiffer 這項商品。

⌘

娜歐蜜常說一句話：「生活中重要的東西無法被量化。」她並不反對量化的方法，自己也多次運用在顧客身上，通常是以問卷的方式。但這些經驗教會她，要瞭解人反覆無常的感受、習慣和動機，需要「大量的傾聽」，不能只靠計算數字。問卷或投票猜不到主婦會站在用過的紙巾上滑步，來減輕自己的罪惡感，進而催生行銷十五國的國際大品牌。[8]「如果調查人數夠多，就可以形成一個故事，但那不是事實，只是故事。」娜歐蜜說。質性研究的力量——傾聽的力量，在於它解釋了數字，甚至為什麼數字還不足夠。她說，結合質性和量化研究或許不會找到完整的事實，但你會得到「更接近事實的事實」。

普林斯頓大學的社會學教授馬修・賽格尼克（Matthew Salganik）也有同感。他加入了普林斯頓多個跨學科研究中心，包括資訊技術政策中心及統計學和機器學習中心，並在《Bit by Bit：數位時代的社會研究》（*Bit by Bit: Social Research in the Digital Age*）一書中寫到大數據的限制。[9]他為我解釋，整體來說，在數據集內尋找答案的困難在於，你就像一個醉漢在街燈下尋找鑰匙。問醉漢為什麼要在街燈下找，他會說：「因為那裡有光線。」數據集只說明了數據集內的東西。

這表示從數據集演變而來的演算法也有一樣的限制。回頭去看達爾文涉獵廣泛的書單，[10]你可以想像，要是他只買亞馬遜演算法推薦他的書，[11]後世或許就不會讀到《物種源始》（*On teh Origin of Species*）。除了多本跟動物學相關的著作，以及馬爾薩斯的《人口論》（*Population*）和亞當・斯密的《道德情操論》（*The Theory of Moral Sentiments*）這類書籍，達爾文也讀了賣淫對道德和公共衛生之影響的法國研究、笛福的《魯賓遜飄流記》（*Robinson Crusoe*）、莎士比亞的劇作，還有珍・奧斯汀的小說。他照著自己獨特且變化不定的興趣閱讀，充實自己的創造力和科學作品。達爾文是人，是人便充滿了未知。我們思考的方式和選擇的人生道路都很難一眼看透，更何況要用簡化的公式加以預測。

這對使用所謂的社群媒體聆聽工具的公司猶如暮鼓晨鐘。那種演算法可以監控並分析推特、臉書、ＩＧ等網站的資料，從中找出建立品牌和提升產品的方法。賽格尼克告訴我，利用社群媒體資料來瞭解人類行為，就好比藉由觀察賭場裡的人來瞭解人類行為。兩種都是高度設計過的環境，雖然反映了某些行為，卻非典型的人類行為。

傾聽跟演算法剛好相反。「演算法亟欲做出盡可能精確的猜測。」賽格尼克說：「但並不渴望瞭解。」他還說，很多量化分析師根本不想知道資料是什麼，只想要一張數據列表，比方前一百行的資料，好讓他們算出公式，推出第一〇一行會是什麼。數據代表什麼或代表誰，或者可以解決生活上哪些實際的問題，對他們都不重要。根據他的經驗，這種盲目的方法通常效果不佳：「我認為你愈瞭解自己在做什麼，你建立的統計模式就會愈好。如果你真正、深入地瞭解數據背後代表的人，效果或許會更好。」換言之，即使在大數據的年代，也需要透過傾聽，才有可能理解。

對娜歐蜜來說，傾聽最難的是忍住偷渡自身觀點的衝動，也就是只聽不介入。純粹使用量化方法的好處就在這裡。當你除了數字其他都不知道時，你的自我和信念比較不會影響結果。但是跟某個人面對面時，只要你說出心裡的想法就會直接影響結果，而主導問題也會間接影響結果。此外，認同的點頭或不認同的嘆氣，都會表現出自己的偏見。「要藏在心裡很難。」娜歐蜜說：「但如果你很會藏，就能看穿人們的生活，看見裡頭的內容。老天啊，換作別的工作，我絕對發現不了這些事。」

娜歐蜜擁有的特質就是我後來才知道的「聽者風範」。意思是，她出奇地鎮定，表情透露著好奇和接納，眼神不會飄來飄去，手指不會亂動，身體似乎隨時隨地都很放鬆、開放。我花了很多個小時訪問她，觀察她與人互動，從頭到尾沒看過她蹺起腳或抱起雙臂。跟人在一起時，她從不讓人覺得她在趕時間或不耐煩。我對她最深刻的印象是她坐在桌前，手肘靠在桌上，雙手捧著臉，像個青少年聽得正入迷。「我學到的傾聽祕訣就是：重點不在我身上。」娜歐蜜在某一刻告訴我：「我把杯子放在面前，希望對方填滿我的杯子，卻不在他們的杯子裡注入任何東西。」

可以選擇工作之後，娜歐蜜放棄了政治領域，只接販售消費品的顧客。「政治領域即使做市場調查，都很難真實可靠。」她說：「他們傾聽的是訊息，不是人。」她也到世界各地的《財星》五百大企業訓練員工主持自己的焦點團體。企業內部自行召集焦點團體、不再雇用質性研究顧問的作法也愈來愈普遍，卻非娜歐蜜樂見的結果，因為那會引發各種成見。「當你詢問大家意見的是老闆的構想時，往往不會用心聆聽。」她說：「問問題一種方式，聽答案一種方式，寫報告又是另一種方式，目的都是要討好老闆。」

資訊是否有用，取決於收集和詮釋資訊的方式。演算法的好壞，取決於數據集適用的範圍和可靠的程度。同樣地，質性研究的成果，取決於研究者的中立客觀、感知力，以及引導受訪者暢所欲言的能力，也就是研究者的傾聽能力。幸運的話，「量」的研究可勾勒出大概的輪廓，而好的「質」的研究則補上細節。兩種方法都有用，相互配合可以提供許多發現。但若要瞭解人際互動，還有個人的動機、傾向和潛能，傾聽是目前為止最好、也最準確的工具。

9 跟即興劇場學習傾聽——團隊成功的關鍵

二〇一二年，Google委託外部單位找出造就傑出團體的條件。[1] Google大多數計畫都由團隊負責執行，公司想知道為什麼有些團隊相處融洽又能做好工作，有些團隊卻鉤心鬥角、明爭暗鬥，或是動用冷暴力讓團隊無法運作。什麼樣的成員個性、工作流程和應對進退的夢幻組合，才能讓人團結合作？

一個由統計學家、組織心理學家、社會學家和工程師組成的專案小組（代號是亞里斯多德計畫），調查了Google內部一百八十個員工團隊。他們詳細研究了團隊成員的人格特質、身家背景、嗜好和日常習慣，發現團隊的成敗沒有可預測的模式。團隊的結構、掌控進度的方式、多常聚會，也沒有一定的規則。

收集了三年的資料之後，研究員終於得到結論，找出造就團結、有效團隊的條件。

他們發現，最有生產力的團隊是成員發言比例大致相同的團隊，也就是所謂「平均分布的輪流對話」。[2]最佳團隊也有更高的「平均社交敏感度」，這代表他們擅長根據音調、表情和其他非語言的線索，直覺地猜到對方的感受。

換句話說，Google 發現成功的團隊會彼此傾聽。成員輪流發言，聽對方把話說完，留意非語言的線索，以捕捉沒說出口的想法和感受。這樣才能給予考量更周到、更中肯的回應。同時也打造出具備「心理安全感」的環境，成員更願意分享資訊和想法，不用擔心被拒絕或反駁。

這對 Google 是一大啟發。然而，我們的朋友洛夫・尼可斯，亦即傾聽研究之父，在一九五〇年代就說過同樣的話。唯一不同的是，當年尼可斯是說，傾聽會讓你更能勝任工作。以目前的經濟現況來看，傾聽有可能**就是**你的工作。一九八〇年以來新增的就業機會，幾乎都跟更高層次的社會互動相關。[3]相反地，以分析和數學推理為主的職位（可以交給運算法）則日漸消失。

今日很少有商品或服務是由一個人從頭到尾包辦。Google 並非例外，大多數公司都需要團隊來完成工作。發表在《哈佛商業評論》的一項研究發現，近二十年來「經理人和員工花在共同合作的時間，激增了五〇%甚至更多」。[4]很多公司的員工一天花在與人溝通的時間高達八成。

但承認傾聽的重要和督促員工真正做到傾聽，卻是兩碼子事。有些公司把「主動傾聽」加進員工手冊，但如前文所述，這個概念本身不但模糊，也定義不清。還有公司會雇用職涯教練和商業心理學家，幫助員工增進傾聽能力。只是員工通常不喜歡任何暗示他們可能有「問題」的活動，因而心生排斥。這就要提到提升員工傾聽技巧的一種有趣又有效的方法——即興劇場（improvisational comedy）。包括 Google、思科、美國運通、福特、寶鹼、勤業眾信和杜邦在內的大公司，都嘗試過這個方法。[5]

為了一探究竟，我前往第二城喜劇團（Second City）取經。設於芝加哥的第二城喜劇團猶如即興喜劇的麥加，蒂娜·費（Tina Fey）、史蒂芬·柯柏（Stephen Colbert）、史提夫·卡爾（Steve Carrel）、艾米·波勒（Amy Poehler）等許許多多知名喜劇演員和喜劇作家，都從這裡發跡。我在那裡認識了藝術總監麥特·霍夫德（Matt Hovde）。他除了在第二城執導喜劇表演，也是即興訓練課程的負責人。他拿著一杯咖啡，看起來有點累，前一週他光為了六次海選，就面試了三百五十人。他捏著鼻梁告訴我，很多想當喜劇演員的人都沒有他們自以為的那麼好笑。

我們談到聆聽的話題時，霍夫德的精神就來了。他認為聆聽對他從事的藝術表演不可或缺。「即興演員不知道下一幕會發生什麼事。」他說：「我們訓練自己要對台上發生的事非常敏感，仔細聆聽台上的伙伴說什麼、是什麼意思，因為要是漏掉細節，場景會變得很鬆散，觀眾看來就不會那麼神或好笑。」

霍夫德告訴我，在標準的新手即興課上，學員會一再漏掉對手演員給的提示，因為猜錯了劇情走向，不是打斷就是催促對方說話，不然就是搶出鋒頭。「很多藝術形式都有一種觀念，以為藝術家要很自私或自我中心，但即興表演剛好相反。」霍夫德說：「即興表演很多時候都是在照顧組員，讓同一幕的搭檔有好的表現。要做到這點，傾聽是很基本的工夫。」

上課時，霍夫德伸出手問學生：「如果某人告訴你的故事從肩膀開始，在指尖結束，那麼我們應該從哪裡開始停止聆聽？」他們通常認為到手肘就要停止傾聽，開始想自己要說什麼。為了避免他們這麼做，霍夫德帶大家玩團體說故事的遊戲。他出了一個題目，每次他指向一個人就輪到那個人說故事，一個接一個往下編。他可以隨時換人，即使那個人正說到一半，因此下一個人要很專心聽才接得上。不意外的是，很多人被點到時都會瞬間呆掉，露出野鹿被車燈照到的表情。

「要接住故事真的很難，因為大家都想控制故事的走向，腦袋早就開始在編劇情。」

霍夫德告訴我：「一開始多半會愣一下，因為得先把腦袋倒轉，放棄自己設想的劇情，接著前一個人的劇情往下編。他們必須放棄掌控權，真正專注於當下。」

他建議我去上課，不要只從旁觀察，這樣才能真正瞭解他的意思。我真的去了，跟另外十來人一起上課，其中很多人是為了「在職進修」而來，其實是老闆希望他們增進團隊合作的能力。我們的老師是史蒂芬妮・安德森（Stephanie Anderson），她本身是經驗豐富的即興表演者，反應機智卻不會咄咄逼人，即使要求我們做超出舒適圈的事，班上的氣氛依然輕鬆自在。

安德森也跟霍夫德一樣要大家練習團體說故事。但我們班上的問題常常不是接不下去，而是太想爭取注意力。有些同學編的故事太愚蠢可笑、太無厘頭，害下一個人很難發展合理的劇情。大家只想輕鬆搞笑，反而犧牲共同合作可能帶來的更大、也更有趣的收穫。那就像開會時或餐桌上有人說了完全狀況外或不得體的話，其他人只能尷尬地笑或在椅子上動來動去的災難時刻。

安德森還讓我們做了另外兩種密集傾聽的練習：一個是異口同聲，一個是聲聲相印。異口同聲就是兩人一組，但說起話來就像同一個人。兩人坐在椅子上面對面，一人開始說話，另一人盡可能同時複誦搭檔說的話，然後再交換。聲聲相印也很類似，只不過連表情和動作都要一樣。練習時一定要看著對方，因為只有用眼神才能表達你交出了掌控權。背後的目的當然是要大家專心觀察搭檔，傾聽對方，身體和心理都跟對方一致。保持專注，對主導者和追隨者都一樣重要，因為主導者要小心避免做的動作和說的話讓對方不舒服。

但話說回來，我們班上有人很愛出鋒頭。比方在做聲聲相印練習時，我看見有個女人（姑且稱她為瑜伽女士）手抓著腳，慢慢高舉過頭。她的搭檔身體沒那麼靈活，一臉痛苦地模仿她的動作。但瑜伽女士從頭到尾都笑容燦爛，用頭示意，堅持要表情痛苦的搭檔繼續把腿抬起來。

「傾聽是一條很長的學習曲線。」安德森課後告訴我。她說這是教即興表演最難的部分，也是他們在員工會議上最常討論的話題。她跟其他老師會一起腦力激盪，想出怎麼樣才能讓學員更加留意自己對他人的影響。「我喜歡把即興表演當作一種解藥，」安德森說：「捨棄『這傢伙是混蛋，只想到自己』的想法，轉念想：『天啊，這個人真的很希望被注意。』」根據她的經驗，追根究柢都是缺乏安全感的問題。「他們擔心自己不夠好。」她說：「所以把他們覺得有用的各種方法都用在自己身上。」最常見的幾種是炫耀、躲進角落，甚至別人不覺得好笑便露出敵意——「你是怎樣？沒抓到哏嗎？」

安德森的獨到見解，來自她過去在少年精神科部門當護理師助理的經驗。一開始她去上即興表演課是為了紓壓，但她很快就發現，工作壓力之所以那麼大，是因為她聽人說話時只會消極反應，不會積極聆聽。「上班時我就像岸上的巨石，任由翻騰的海浪撲打在我身上。」她說：「我沒在麻煩發生前就看出問題，因為我的心不在那裡，永遠在想下一件事。」

她說，藉由即興訓練，她逐漸對病人突然發作或施暴的跡象更加警覺和敏感，於是能夠在病人發作或同事累垮之前出手幫忙。「發現自己能為內在的空間定調是件神奇的事。」安德森說：「人學會傾聽時，並不知道自己擁有這種力量。」

後來她升上病房的指導員，開始教病患和員工組成的混合班即興表演，改變了工作單位的氣氛。「那讓一個原本很強勢、素來以罵人出名的護理師變得人性化，因為孩子們會發現，當下那位護理師也感到害怕，只是必須快速反應、當機立斷。」安德森說：「我認為這能幫助病患在團體治療時說出自己的感受，因為每個人在即興練習時，已經承擔過彼此傾聽和回應要負擔的低程度風險。」有趣的是，另一位心理健康工作者，也就是鼎鼎大名的心理治療師榮格，早期也對無法說話的病患做過某種即興治療。他模仿病患的手勢和動作，直到他們覺得被「聽見」並願意說話為止。[6]

如今，安德森在第二城喜劇團教專業人士提升工作表現，也教為社交焦慮或亞斯伯格症所苦的學生。此外，她還在芝加哥大學布斯商學院、伊利諾大學芝加哥商學院分校、西北大學芬伯格醫學院教即興表演。

無論學生是誰（包括一名正在蒐集資料寫書的記者），她的方法基本上都相同：讓學生彼此傾聽，產生有意義的交流。安德森形容即興表演是一種良藥或治療，其實並不誇張。一週一週練習下來，學員漸漸發現了那些害他們與人疏離的行為舉止。還記得瑜伽女士嗎？之前她想把搭檔變成人形蝴蝶餅，但課程結束時，她說：「我開始覺得，我想炫耀自己能做到什麼，反而讓我看不到別人能做什麼，還有我們一起能完成什麼事。」

⌘

要在即興喜劇，還有真實人生這場即興創作之中表現成功，傾聽都不可或缺。只想掌控敘事和抓住目光，對話只會變得單向，也會扼殺合作關係。這樣下來，工作不但難有進展，反而有礙進步。人際互動的樂趣和好處來自於相互的關注、隨時準備好也願意給予回應，以及深入各種話題。最後的結果是相互的瞭解，甚至欣賞。看著反應機智的即興演員毫不費力地你一言我一語雖然好玩，跟人對話時專注傾聽，幫助彼此發展想法，更是一大滿足。

此外，想要讓人發笑絕對少不了傾聽。很多證據都指出，幽默是形成並維持關係的利器，無論是工作或私人領域。在工作場合，成功發揮幽默感會給人有能力和自信的感覺。[7]在感情中，成功的幽默是親密感和安全感的度量衡。[8]這裡的關鍵字是「成功」，不成功的幽默只會造成反效果。上過即興表演課後，我學到一件事：人的幽默感並非固定不變，能不能抓到幽默的點，取決於你有多認真聽。無論是在喜劇社團當著一群人講笑話，還是只是想讓平常的對話輕鬆一些，你都要先瞭解聽眾才能讓他們笑。

《君子雜誌》的漫畫和幽默小品編輯巴伯．曼科夫(Bob Mankoff)，也曾任《紐約客》的漫畫編輯。他告訴我：「約會就是漸漸跟一個人熟到可以哈哈大笑的儀式。」你跟朋友才懂的私房笑話、對方在生氣你還是可以逗他笑、能夠放下身段耍笨，都需要傾聽才能辦到。曼科夫補充：「你必須聽他們說話聽得夠久，才能重複對方所說的話，然後轉個彎讓它變得好笑，同時知道哪些地方最好別越界。」他有實驗心理學的背景，也在福特漢姆大學和斯沃斯莫爾學院教幽默理論。

說笑話也包括放低姿態。你把自己攤開，希望自己的幽默被人欣賞。如果對方專心聽又有反應，你就比較願意承擔這種風險，反之亦然。確實，雙方共享幽默是連結感的主要指標。[9] 害怕親密感的人比較會用帶刺、帶酸或貶抑人的幽默與人互動，讓人豎起防衛，不想再聽下去。[10]

想想生命中能讓你噗嗤大笑的人，這些人多半是你的知己好友，因為你跟他們在一起時最放鬆自在，也因為我們覺得最好笑的事，往往是最私人的事。你跟伴侶或知己之間，可能擁有一些只有兩人才知道的笑話或笑點，會讓你們笑到噴飯，旁人卻只會搔頭不解。就算你試著解釋，他們還是一頭霧水，因為你們之間沒有親近關係中不可缺少的長時間對話與傾聽，雙方也就沒有深刻、相互的理解。「你要在現場才能體會」這句話確實不假。好笑是誠懇、親密和熟悉的副產品。

共享的幽默是從傾聽中孕育出的一種連結感。在探索、推敲彼此的想法及感受的過程中，才能生出共同合作的動能。任何合作關係都需要同樣的即興互動，這就是傾聽在現代的工作場合中如此重要的原因。只想主導、支配或限制對話的人，很難在事業上成功，更遑論建立圓滿的人際關係。不再想要控制敘事，有耐心和信心讓故事帶著你到任何地方，親密關係、創新思考、團隊合作及幽默互動才可能開花結果。

10 第三隻耳朵——主持人、總統和騙子的共同點

在費城WHYY電台的漆黑錄音室裡，王牌公共電台節目《新鮮空氣》（*Fresh Air*）的主持人泰莉・格羅斯（Terry Gross）正在訪問一位電影導演。導演坐在西岸另一個錄音室受訪。控制室裡，燈光一閃一閃，指針跳來跳去，橫槓上上下下。格羅斯幾乎隱沒在大麥克風後面，跟導演談著各種話題，從他的從影之路、缺乏安全感、顛沛的童年，還有馬會上樓、但不會下樓等大大小小的事，無所不包。

訪談進行時，兩名製作人羅倫・克倫佐（Lauren Krenzel）和海蒂・沙曼（Heidi Saman）不停敲著筆電，記錄導演說的話和說話的時刻。訪談共約一小時十五分。克倫佐、沙曼及監製丹尼・米勒（Danny Miller）負責剪接工作，把訪談剪為四十五分鐘的最後播放版本。

他們之中任何一人都能獨立完成這項工作，何需三人？因為他們三個人聽到的東西都不一樣。傾聽究竟是怎麼回事？德州聖安東尼奧的聖瑪麗大學的溝通研究副教授凱薩琳・漢普斯頓（Katherine Hampsten）有個很好的比喻。她說那就像是用一團黏土在玩傳接球遊戲。[1] 每個人都接到球，再用自己的認知捏一捏、揉一揉才回傳給對方。諸如教育、種族、性別、年齡、和對手的關係、心情、言外之意、是否分心，都會影響黏土的形狀。多加個傳球的人，意義的複雜度和範圍也會擴大。

《新鮮空氣》的製作團隊共有八人，很多之前都沒有太多做廣播的經驗，甚至全無相關經驗。米勒告訴我，他找製作人的首要條件是「耳朵好」，意思是擁有過人的傾聽能力，能聽出對話的真正內涵。米勒稱之為擁有**對話的掌控度**。心理學家稱之為**對話敏感度**（conversational sensitivity）。[2]

有對話敏感度的人不只會留意說出口的話，言外之意和細微的語調變化也逃不過他們的耳朵。他們擅長辨別權力差距，很快就能識破對方是裝模作樣，還是真情流露。他們較容易記住別人說的話並享受對話，至少感到興趣。一般也認為，要先有對話敏感度，才會產生同理心。同理他人需要召喚之前與人互動的所感所學，並應用在之後碰到的情境中。

不意外的是，對話敏感度跟認知複雜度有關。[3]前面提過，認知複雜度是指對各種經驗開放，有能力處理相互衝突的意見。要能察覺對話中的微妙線索，一定是先前累積了許多傾聽的經驗。據說後天直覺（又稱第六感）不過就是一種辨識能力。[4]聽愈多人說話，你就能辨識出更多人的面向，直覺也會愈準。要練就這種技巧，必須接觸各式各樣的看法、態度、信念和感受。《新鮮空氣》的製作團隊就符合這個條件，其成員來自各行各業，包括服務生、電影導演，還有民俗研究者。

「開會討論剪接工作時，我們會先確認大家對這段訪談的主題具有共識。」米勒說：「我們有很多相互比照的筆記。三個人年齡不同，所處的人生階段不同。我們想要融合不同的觀點。」他形容這個過程彷彿「結合你對訪談的詮釋和對它的感受」。他婉轉地說：「我們對於該如何剪接這段訪談，討論得頗為熱烈。」

訪談結束後，製作人克倫佐和沙曼從黑漆漆的錄音室走到電台辦公室灑滿陽光的落地窗前，坐下來一起討論聽完的印象。克倫佐六十幾歲，來自費城，是錄音界的老將。在《新鮮空氣》之前，她製作過有聲書、職業運動比賽的廣播，也幫紐約的WNYC做過多檔廣播劇。沙曼三十幾歲，是在洛杉磯長大的第一代埃及裔美國人，本行是電影，也一直在寫劇本跟導戲。兩人一句一句回顧這場訪談。「這可以拿掉……這一定要留著……那句引言可以短一點嗎？……這他說了兩次……那部分等一下再回來處理……這或許沒那麼有趣……我覺得那很酷……那個部分讓我很意外……那個重要嗎？」

她們把訪談濃縮到只剩精華，相互檢查，確認沒刪掉某些她們不覺得有趣、但其他人可能覺得有趣的地方。「我們尋找的是最能代表這段訪談、也最能代表受訪者的內容。」克倫佐告訴我：「我們當然希望敘事有條有理，但也希望聽眾被其中的情感打動，所以我們可能得幫它塑形或把它縮短，把所有精彩的時刻都放進去。」

活力充沛的米勒走過來繞著她們坐的桌子走了幾圈，給些建議，憑藉記憶引述他喜歡的訪談內容。他在這個每日播放的節目累積的四十年功力，反映在他的記憶力和對細微差異的敏感度。二十幾歲剛進來時，他只是個實習生。我幾乎看得到他們三人圍著桌子傳接漢普斯頓說的那團黏土。「真的？……我沒聽到……哦對……啊不……你對那個有何看法？……你的意思我懂了。」

三人對於最後剪出的版本或許不是每個地方都意見一致，但都認同要把最能展現受訪者情感深度的段落放進去。研究指出，對話敏感度在討論私人話題時最容易被激起。[5]三人的決定也符合這項研究發現。其他讓我們警覺的話題會變來變去，取決於當下的狀況和個人的偏好，例如我們是不是剛好心情好、能不能跟話題產生共鳴，或是覺得話題出乎意料等等。然而，私人話題總是能讓我們豎起耳朵。

根據克倫佐的看法，最糟的訪談就是訪談對象「對自己的生活完全避而不談」，只依循宣傳的指示照本宣科，「讓人覺得生硬、無感情，乾如灰塵，因為缺乏情感的共鳴。」缺乏情感共鳴，當然就是日常對話沉悶又無聊的原因。你或許跟聽起來像在念劇本的人說過話，對方淨說些陳腔濫調，缺少一來一往的對話才會自然流露的想法和感受。如果你無意中聽到他們與其他人說話，可能又會聽到圍繞著工作、小孩、飲食習慣、身體健康打轉的相同話題，連敘述方式都一樣。

每週有六百多萬聽眾收聽的《新鮮空氣》，因為格羅斯有讓來賓脫搞演出的本領。聽她訪談來賓，你會發現她巧妙地將話題轉出對方已經談爛的範圍。「那對我們來說，就是錄音真正有趣的地方。」沙曼告訴我：「泰莉努力要找到他們放鬆自在的地帶。一旦找到，你真的可以從他們談話的節奏聽出來。有時是私事，有時是早期的工作，總之是能讓他們投入的話題。她會想辦法把那些主題從來賓的腦中拉出來。」好聽眾就是有辦法從膚淺或緊張的聊天中引出更多話題，讓對方露出真實的一面。

她跟製作人為每集節目所做的準備，也有助於泰莉發揮優勢。來賓聽到格羅斯的問題，就知道她見多識廣也做了功課，而且對他們的工作充滿興趣。當一個人覺得被瞭解和欣賞的時候，就更願意分享。格羅斯也在訪談之前就向來賓保證，如果話題讓他們不舒服，隨時可以喊停。也就是說，她向來賓表明她在乎他們的感受。這些都是想提升傾聽力的人可以仿效的作法。事先查閱對方的資料或當場好奇發問，都是感興趣的表現。找出讓對方興奮激動的話題，即便是他們的瓶蓋收藏也無妨，只要能激起對方的熱情，對話就會變得有趣。但同時也要尊重界線，若是懷疑自己不小心觸及敏感話題就要盡快收住。慢慢轉變話題，體恤他人想有所保留的需求。親近感無法強求。

等到《新鮮空氣》正式播出訪談時，三人或許已經聽過訪談三、四遍了。每次倒帶重播，他們不只發現表達和意義本身的細微之處，還有真情流露時的呼吸、停頓，或許還有背景幾乎不可聞的躁動聲。坐在沙曼旁邊，看她利用數位聲音剪輯程式熟練地潤飾訪問內容，我們得以接觸到對話的點點滴滴。「嗯」或「呃」有意義嗎？那裡的呼吸重要嗎？他為什麼一直重複那個字？你這才發現，一句話之中可能藏了那麼多資訊，也會瞭解為什麼聆聽剪輯過的訪談比日常對話輕鬆多了。真正的對話不會那麼清楚乾淨，比較模糊混亂，而且會彎來繞去。

⌘

英文對話尤其容易混淆，因為英文這種語言本身既複雜，延展性又高。語言學家和辭典編輯估計英文約有一百萬個字彙，而且仍在增加中。[6]文學批評家西理爾．康諾利（Cyril Connolly）也說，英語就像一條大河，「一長排垃圾船把髒污傾倒而出，污染了大河。」[7]作家惠特曼的形容比較寬容，他說英語是「每個方言、種族和時代的擴增和成長，也是以上一切既自由且緊密的組合」。[8]無論如何，英語都是世界上最容易誤解的語言之一，即使是母語人士也不例外。

美國本土就有數十種地區方言，許多情況下都可能造成混淆。[9]例如，在俄亥俄河以西，**caramel** 的音節變少。而你怎麼發 **pecan** 這個字，端看你在哪個時區，從 **PEE-can** 到 **pa-CON** 到 **PICK-on** 都有。在南方某些地區，「撒」會用 waste 這個字，而不是 spill。在中大西洋州，圓環叫 traffic circle，到了東北部變成 rotary，到了西部又變成 roundabout。因此以下這句話就很容易造成誤解：On the way to Grandma's house, drive slow around the rotary, or you'll waste the CAR-mel pa-Con pie all over the seat of the car.（開車去外婆家的路上，開到圓環要放慢速度，不然你會把焦糖胡桃派撒在座位上。）

個人的詮釋同樣會造成誤解。比方若有人說：「我想早點上床睡覺。」你認為「早點」是十點，另一個人卻覺得是凌晨兩點。**苦工**、**性福**[10]、**不遠**、**辛辣食物**等詞彙的意義，都會因為說的人而改變。此外，**月事**、**往生**、**骨架大**、**待業中**之類的婉轉說法到處都有，因為人永遠可以為他們不想直說的話找到替代或隱晦的說法。吳爾芙說：「文字充滿了回音、記憶和聯想。它們到處遊蕩，在人類嘴邊、家裡、街上、田裡，已經好幾世紀。」[11]

跟不同語言的人溝通，情況甚至更加複雜。這時候就會出現語言相對論（linguistic relativity）的問題，也稱「沙皮爾－沃爾夫假說」（Sapir-Whorf hypothesis），即母語會影響人理解或經驗這世界的方式。[12]南非和英國做了一個聰明的研究，漂亮地證實了語言相對論。[13]研究員讓瑞典人和西班牙人估計他們看兩部動畫的時間：一部是一條逐漸變長的線，一部是從底部開始加滿的容器。由於瑞典文用「長短」這類距離用語來形容時間，西班牙文用「大小」這類容量用語來形容時間，瑞典人多半認為線條動畫所花的時間較長（即使實際時間較短），西班牙人則認為容器動畫花的時間較長，其實不然。

不過，最容易影響理解的還是情緒和個人的敏感度。人的詮釋都會受背景和心理狀態影響，而且也不可能請一群製作人，像《新鮮空氣》一樣幫你剪輯對話，因此認識自己和自己的弱點，就成了鍛鍊傾聽能力的一個關鍵要點。

假設有人說你看起來很「獨特」，而你剛好常常覺得自己與人格格不入，或許就會覺得「獨特」意指「怪咖」，但對方可能是指你獨一無二，讓人眼睛一亮。知道自己的弱點，可以避免你窄化對方的意思，並進一步找出真正的意義。那就像重新調整車上的後照鏡，幫助你把視覺死角減到最少。

研究指出，自我意識（self-awareness）[14]以及另一種名為**自我監督**（self-monitoring）[15]的相關觀念較高的人，比較擅長聆聽。部分原因是他們知道什麼樣的事情會讓他們妄下結論，於是刻意避免。培養自我意識，就是在對話中觀察自己的情緒，辨認恐懼和敏感（或許還有欲望和夢想）何時挾持了你的傾聽能力。伴侶或知己也許知道什麼事會讓你閉嘴或開口，或者你更想要找一位好的精神分析師。做這種自我評估可能很難，卻能讓你更懂得理解他人，與他人連結。唯有瞭解自己，才可能親近他人。

精神分析師也必須進行自我分析，才不至於讓個人問題阻礙他們理解病患的問題和感受。奧地利精神分析師狄奧多・芮克（Theodor Reik）是佛洛伊德的嫡傳弟子。他在一九四八年出版的《用第三隻耳聆聽》（*Listening with the Third Ear*）指出，傾聽是記下無意識冒出的感受：「觀察並記住千千百百個小線索，對它們引起的細微效果保持覺察。」[16]對他而言，意識到自己的第一反應和直覺，就像帶著第三隻耳朵傾聽。

同樣地，中情局新人也要接受嚴格的篩選，包括心理測驗，好淘汰自我意識不足以在緊急狀況克服自身弱點的人。我跟前中情局探員麥馬努在華府的四季酒店見面時，他告訴我：「如果你不瞭解自己，這個工作就做不來。誰都有弱點、缺陷和脆弱的地方。我有，你有，大家都有。但在這個遊戲裡，我得在你發現我的之前，先發現你的。」

這就要談到聽者的操控力。為美國總統詹森立傳的作家羅伯．卡羅（Robert Caro）認為，從電話錄音可聽出詹森如何在參議院發揮影響力。他說：「一般人以為說話的都是詹森，但如果你聽帶子就會發現，前幾分鐘他常常完全不說話。你聽得到他的聲音，但他只發出『嗯嗯、嗯嗯』的聲音。你會有種感覺，之後才恍然大悟，原來他在聽對方到底想要什麼、到底害怕什麼。」[17]

類似的狀況還有，騙子和詐欺犯多半也是傾聽高手。他們從微妙的非語言線索和隨口評論隱含的深沉意義中，找出你最害怕或渴望的東西。一旦找到，他們就知道如何玩弄你。但不得不說，欺騙往往是一種合作過程，一個願打、一個願挨。[18]當一個人說「我絕不會上那種當」時，絕不會意識到，在他很想相信有人愛他、能讓他致富或恢復健康的情況下，自己的傾聽能力也大打折扣。

惡名昭彰的騙子梅爾．溫伯格（Mel Weinberg）＊深諳行騙者和受騙者之間的巧妙合作關係。[19]因此聯邦調查局才在一九七〇年代晚期，找他幫忙誘捕阿拉伯騙局中的一名參議員和六名眾議員。[20]「當一個人手頭很緊、急著找錢時，我的方法就是給他希望。」他在一九八二年告訴《紐約時報雜誌》：「你要是說你幫不上忙，就是扼殺了他的希望。每個人都得有希望，這就是大多數人不會舉發我們的原因。他們一直希望我們說的都是真的。」[21]

這並不是說騙子天生就比受害者擅長傾聽，能識破人的弱點。差別在於，騙子是更熟練、動機更強烈的聽眾，因為他們深知認真聽就有收穫。不少研究證明，有強烈動機的人通常認知較準確。[22]受騙者剛好相反，騙子的花言巧語在那個當下實在太過誘人，他們也就失去認真聽的動機。

因此你可以說，好聽眾更善於說謊和識破謊言。回想你人生中被騙的經驗，如果你夠誠實，就會發現自己可能漏聽了什麼，或故意漏掉什麼：語氣太急；很多事兜不攏；你發問時，對方語氣中的敵意或惱怒；對方說的話跟他的表情搭不起來；說不上來的一種輕微不安。

我們常遺漏謊言，甚至真相也是，因為當有人說了奇怪的話，大多數時候我們並不

＊電影《瞞天大佈局》（*American Hustle*）中克里斯汀・貝爾飾演的角色，靈感來源就是梅爾・溫伯格。

會喊停，跟對方說：「等一下，你再倒回去，我聽不懂。」在《新鮮空氣》的原始訪談中，你常聽到格羅斯請來賓停下來，解釋他們想表達的意思。但是在日常對話中，我們通常只會聳聳肩，不認為有必要多問，或者單純覺得自己猜得到對方的意思。一般人都不想請對方釐清，除非內容太過複雜難懂。有多少次有人在你沒說笑的時候笑了？你有多少次在根本不知道對方在說什麼的時候點頭？或許次數多到你都數不清了。在密西西比大學研究人際溝通的葛拉罕・博迪說：「無論是什麼原因，不確定對方要表達什麼的時候，我們往往很猶豫要不要停下來發問。」

除了學術工作，博迪也擔任企業顧問，尤其是訓練銷售員增進傾聽能力。他說他提醒學員避免的一大陷阱，就是粉飾對話中說不通的部分，因為那是釀成大錯的主要原因。「你必須假設每件事都息息相關。如果有什麼點你覺得奇怪，就要提高警覺。」他說：「通常這種情況發生時，即使覺得怪怪的，我們還是會繼續。但其實應該停下來釐清，比如：『你說到什麼什麼的時候，我不太懂。』」

我們常常聽到未能釐清困惑而導致的災難，例如挑戰者號爆炸、雷曼兄弟公司破產、美國每年有二十五萬人死於醫療疏失。[23]但那些充斥生活四周的微小不良溝通呢？或許造成的後果沒那麼嚴重，卻還是有一定的影響。當我們覺得「哦，那我懂了！」的同時，有更多我們沒有發現的誤解也在產生。我們對種種受傷的感覺、錯失的機會和搞砸的工作毫無所覺。一切都是因為我們懶得確認自己是否真的瞭解。

誤解就像各種不同的看法提醒著我們，其他人跟我們並不相似，甚至天差地別。[24]因為我們真正瞭解的只有自己，自然會以自我的觀點去理解世界，難免誤以為別人的邏輯和動機與我們相似。事實上，每個人的背景和既定想法自然不同。

我們在理智上能夠理解，但每次碰到某人的想法和行為超出我們的預期和想像時，還是會猛然警醒。因此，我們可以將誤解視為一個機會，鼓勵、甚至刺激我們更仔細傾聽、更深入探索。用爵士樂手邁爾士・戴維斯（Miles Davis）的話來說，就是：「如果你瞭解我說的每句話，那你就是我了。」[25]

11 腦中的聲音——傾聽自己與逃避自己

我有個好朋友，她跟很多成功人士一樣對自己很嚴格。儘管事業成功，外表迷人，為人親切，說話風趣，但是每當遭遇不順，她的標準反應就是自我否定。突然間她成了笨蛋，一敗塗地，什麼事都做不好。每次她開始沒完沒了地自我批判，我會告訴她別再聽討厭鬼的話。**討厭鬼**是我們給她那個尖酸刻薄的內在聲音取的名字。每次她壓力大，討厭鬼就會出來興風作浪，無情地責備，讓她覺得自己很沒用。

我們的腦中都有聲音。事實上，人一直在對自己說著平凡無奇、但也可能意義深遠的話。有道德是非的辯論，也有荒謬無稽的爭辯。有時在歸咎責任，有時在合理化各種事。我們分析過去，預演未來。腦中的聲音可能鼓勵我們、打擊我們，可能關愛或批判、讚美或貶低。英國杜倫大學的心理學家查爾斯．費尼霍夫（Charles Fernyhough）

比一般人更加理解這些聲音，他研究的就是內在對話。

費尼霍夫對內在對話的興趣源自他的博士論文。他在論文中探討兒童如何藉由大聲和自己說話來處理問題和約束情緒。長大之後，我們仍持續跟自己說話，只是學會在腦中說，儘管偶爾仍會不小心說出口。[1]誰沒有自言自語納悶鑰匙放到哪兒去，或是邊看新聞邊罵人的經驗？「我常無意中讓內在對話脫口而出。」費尼霍夫告訴我。他太太已經習慣他這樣，但發生在公車上時，還是會引人側目。「在心裡跟自己說話是大家都會做的事。」他說：「那是一來一往的過程。我們在自己腦中說和聽。」

確實，跟自己說話時動用到的大腦部位，跟我們與他人對話時相同。[2]同樣都是涉及所謂的心智詮釋（theory of mind）或社會認知（social cognition）的大腦區域，這個區域讓我們得以同理他人，理解他人的意圖、欲望和情緒。

費尼霍夫在《內在聲音》（*The Voices Within*）中寫道，包括威廉・詹姆斯（William James）、查爾斯・桑德斯・皮爾士（Charles Sanders Peirce）、喬治・賀伯・米德（George Herbert Mead）在內的許多偉大哲學家和社會學家，都認為自我藉由採用他人的觀點來與自己對話。[3]例如運動員將教練的聲音內化。或者，你也可能在心裡模擬你跟母親、老闆、另一半、兄弟姊妹、朋友，甚或治療師的對話。

因此，聽別人說話，決定了我們內在對話的語氣和品質。我們從與人互動的經驗中學習如何發問、回答和評論，等到有一天必須解決問題、面對道德難題，或是進行創意思考時，就能如法炮製。「這樣可行。不，這樣比較好……我想要求升遷。可是他們兩個月前才雇用你……我想吃冰淇淋。那會毀了晚餐……我真的迷上她了。算了吧，老兄，她結婚了。」

這種自言自語或內在對話，有助於提高兒童的認知，大人也一樣。[4]研究指出，在生命過程中聽愈多人說話，你在腦中辯論某個題目時就能考慮到更多面向，也能想出更多解決方法。內在對話能增進並支持認知複雜度，這種可貴的能力讓人接納更多觀點、產生聯想並激發創意。

研究發現，擁有關愛的父母和家庭社經地位較高，也跟促發複雜的內在對話有關。[5]小孩若缺少聽人說話的機會，內在對話的發展在成長過程中也會受限。例如，在低收入的阿帕拉契山脈家族長大的小孩，由於當地文化傾向將小孩隔絕、鼓勵小孩「安靜乖巧」，兒童經常出現內在對話發展遲緩的現象。[6]疏於照顧小孩的低收入都市家庭，也有同樣的狀況。[7]

這一點之所以重要，是因為跟自己說話的方式，會影響你聽別人說話的方式。例如，內在聲音對自己很嚴苛的人聽到的話，跟內在聲音喜歡怪罪他人的人會很不一樣。一個**都是你的錯**，另一個**都是他們的錯**。換句話說，內在對話會影響並扭曲別人說的話，以及我們在關係中的表現。

還記得第二章的心理學家及依附理論專家米麗安・史提爾嗎？她的研究建立在一九五〇年代開始發展的其他依附理論之上。她指出，在一個人腦中重播的聲音反映了兒時聽到的聲音。若早期的依附關係很穩固安全，即父母或照顧者會傾聽並照顧你的需求，你就會培養出史提爾所謂「較友善」的內在聲音。

史提爾告訴我，人都會產生罪惡感，內心也會跟自己拉鋸。但內心聲音是「你確定你想這麼做？何不從他們的角度想一想？」，還有「對，那是很傷人，但或許他們不是故意的」，跟「他們都是來扯我後腿的，我就是爛」很不一樣。後面這種聲音會讓你產生不利於自己的反應。

人的內心聲音之所以影響力強大，部分原因是它們實際感受起來更大聲。美國和中國的研究都發現，被要求聽到一個聲音之前在腦中重複 da 這個音節的人，比沒有的人對外在聲音的評估更加柔和。[8]此外，外在聲音響起時，這些人的腦部活動顯示所受的聽覺刺激較少。重複一個音節就有這樣的影響，想像腦中進行的若是完整的對話又是如何。「他看起來好冷淡。我有惹到他嗎？還是他只是今天不大順。不，我想他是在氣我。」

有些理論家主張，閱讀就是一種內在對話。研究指出，閱讀時我們會在腦中念出文字。[9]如果一個字念出來比較長，讀起來就要比較久。另一個研究讓受試者聽兩個人的錄音，一個人講很快，一個人講很慢，接著再請他們念出講得快和講得慢的人所寫的文章摘要。結果發現，他們念的速度會跟錄音者念的速度一致。[10]

很多書迷都表示，他們閱讀時會聽到作家的獨特聲音，或是他們想像出來的作家聲音。他們甚至會聽到作家筆下角色的特定聲音。研究的確發現，聽覺皮層的聲音敏感區讀到直接敘述時，比間接敘述更有反應。[11]換句話說，你的大腦聽到「他說『我愛上她了』」，就像聽到真正的人在說話，會比聽到「他說他愛上她了」更有反應。

費尼霍夫和同事跟《衛報》合作調查了一千五百六十六位讀者。[12]其中八九%說他們會聽到書中角色的聲音，而且往往很生動清晰。其中五六%說即使沒閱讀時，書中角色的聲音也會留在他們的腦海中，影響個人內在對話的語氣和內容。想當然耳，很多小說家都說角色會與他們說話，決定小說的走向。有人問雷·布萊伯利（Ray Bradbury）每天的寫作習慣，他說他早晨都會躺在床上聽腦中的聲音。「我稱之為我的早晨劇場。」

他說：「我的角色會互相對話，等對話升高到一定熱度，我就會跳下床，趕在它們消失前將它們捕捉起來。」[13]

不只是聽真實生活中的人說話會形成內在聲音，經常在媒體出現的聲音也會。例如尚恩・漢納提（Sean Hannity，譯註：美國新聞節目主持人）、歐普拉或茱蒂法官（Judge Judy，譯註：美國法庭實境秀的主持人）的語氣和辯證風格，或許也在你腦中迴盪不去，端看你對他們有多著迷。你的內在聲音讓你想到誰？告訴你什麼事？你的內在聲音在不同情況下聽起來不同嗎？是和善？還是嚴格？這些都是重要的問題，因為內在聲音影響你思考事情、解讀狀況、做道德判斷，還有解決問題的方式。這會反過來影響你是什麼樣的一個人——看到人最好還是最壞的一面？看到自己最好還是最壞的一面？

問題在於，人會盡可能避免面對自己。維吉尼亞大學的心理學家對七百個人所做的十一次實驗證實了這點。絕大多數的受試者並不喜歡一個人待在房間裡六到十五分鐘，什麼也不做，只能思考。在一次實驗中，六四%的男性和一五%的女性寧可按下電擊按鈕，也不想跟自己的思緒獨處。[14]

這意味著很多人的內在聲音就跟折磨我朋友的討厭鬼一樣。即使你的內在聲音比較和善，內在對話多半跟你煩惱的事情相關，比方人際關係、工作上的挫敗、健康問題等。人類天生就喜歡解決問題，所以安靜下來時，腦袋也停不下來，老是去想該解決的問題。所以有些人受不了讓腦袋停下來，總是得找事情做，這樣才不會胡思亂想。然而，壓抑內在聲音只會讓它更強大。當它變得更大聲、更迫切時，有人甚至會把自己弄得更忙，塞滿工作，好把聲音淹沒。問題是這個方法從來沒效。內在聲音永遠都在，如果白天引不起你的注意，就會在凌晨四點把你吵醒。**哈囉，記得我嗎？**

認知行為治療就是學習用不同的方式跟自己說話。把原本沒什麼建設性的內在聲音，諸如挑剔的父母或負面思考的朋友，由聽起來像治療師的聲音取代，指出更寬容、更開放的思考方式，後來證明這對增進幸福感也有效。聽各式各樣的人說話同樣有所幫助，因為更多的聲音帶來更多觀點。問人問題並思考他們給的答案，等到你跟自己對話時，就更懂得如法炮製。問題或許難解，但與自己對話終究還是解決問題（至少是面對問題）的唯一途徑。

偉大的物理學家及諾貝爾獎得主費曼在二次大戰期間接受入伍健檢時，有個精神科醫師問他：「你會自言自語嗎？」費曼告訴他的傳記作者：「我沒跟他說我可以跟你坦承的事實，那就是我發現我跟自己說話說得可凶了。『積分會大於這所有加總的和，所以會讓壓力更大，你懂嗎？』『沒有，你瘋了！』『我沒有！我才沒有！』我根本是在跟自己辯論。我腦子裡有兩個聲音來來回回，一來一往。」[15]

費曼說，他跟父親、妻子、朋友和同事的對話，在在影響也反映了他的內在對話。在《費曼的主張》（*The Pleasure of Finding Things Out*）這本文集中，費曼寫道：「試圖把腦中的觀點加以整理並相互比較，我們就是在一點點理解並欣賞自己是誰和立足的地方。」[16]

12 支持型vs.轉移型——兩種不同形態的回應

美國社交名流珍妮．傑洛姆（Jennie Jerome），人稱蘭道夫．邱吉爾夫人，即英國首相邱吉爾的母親。她在回憶錄中描述了跟班哲明．迪斯雷利（Benjamin Disraeli）和威廉．格萊斯頓（William Gladstone）這兩大政敵分別共進晚餐的感想：「坐在格萊斯頓旁邊吃完晚餐後，我覺得他是全英國最聰明的男人。但是坐在迪斯雷利旁邊，走出飯廳時，我覺得自己是全英國最聰明的女人。」[1]

不意外的是，她更喜歡跟迪斯雷利一起用餐。迪斯雷利當過兩任保守黨首相，本身不但是傑出的演說家，也是個敏銳的聽眾，熱中也擅長把話題轉向身旁的人。這讓他成為維多利亞女王的寵兒。選戰期間，女王毫不掩飾自己偏愛迪斯雷利勝過格萊斯頓，有些人甚至覺得有違憲之虞。但迪斯雷利關注的不只是貴族和王室。倫敦的《泰晤士報》

一篇有名的報導就形容他「能在勞工身上看到一個保守派選民，就像雕刻家能在『大理石中看到天使』」。[2]

迪斯雷利是波士頓大學的社會學家查爾斯・戴伯（Charles Derber）所謂「支持型回應」（support response）的高手。從一九七〇年代開始，戴伯對人在社交情境下如何表現與爭取矚目感到興趣。他錄製並抄錄了一百多則非正式的晚餐對話，從中歸納出兩種回應。[3]較普遍的是轉移型回應（shift response），也就是直接把注意力從說者轉到回應者身上。較少見的則是支持型回應，也是迪斯雷利的專長，亦即鼓勵說者盡情發揮，幫助回應者深入理解問題。以下是一些假設的例子：

約翰：我的狗上禮拜跑出門，我找了三天才找到牠。

瑪麗：我們家的狗每次會挖籬笆底下的土，所以我們都不讓牠出門，除非繫上狗鍊。（轉移型回應）

約翰：我的狗上禮拜跑出門，我找了三天才找到牠。

瑪麗：不會吧！最後你在哪裡找到牠的？（支持型回應）

蘇：昨天晚上我看了一部講烏龜的精彩紀錄片。

鮑伯：我不怎麼喜歡紀錄片，我比較喜歡動作片。（轉移型回應）

蘇：昨天晚上我看了一部講烏龜的精彩紀錄片。

鮑伯：烏龜？你怎麼會看那種片？你很喜歡烏龜嗎？（支持型回應）

好的聽眾隨時在給人支持型回應，這對給予第五章探討過的接納心態和評估式回饋很重要，同時也能避免第九章指出的誤解類型。戴伯認為，轉移型回應是**對話過度自戀**的徵候，會破壞與人連結的機會。轉移型回應通常指向自己的陳述，支持型回應則多半指向他人的問題。但問題一定要是真心感到好奇，想鼓勵對方說更多，而不是想巧妙塞進自己的意見。這類問題多半是開放式的問題，例如「你有什麼反應？」，而不是「那不會讓你很火大嗎？」，目標是要瞭解而非擺布說者的看法。

填入空格的問題在這方面很有用。「你跟羅傑吵架是因為……？」這麼問就像把接力棒傳出去，任由說者往自己想去的方向發展。盡量避免問事情的細節，免得打斷對方的思路和情緒。例如：你跟羅傑是在五十五街，還是六十七街的咖啡館吵架？他們人在哪裡、在什麼時間、點了什麼，這些都比不上發生了什麼事和當事人的感受。

人喜歡表現出自己懂得很多，所以會問一些暗示自己已經知道答案的問題。不然就是設定問題的框架，引誘對方說出他們想聽的答案。好問題不會這樣開頭：「你不認為……？」「難道不是……？」「你不同意……？」，更不會有「對吧？」這種結尾。這些其實是偽裝過後的轉移型回應，可能引導他人說出不完整或不誠實的答案，以符合問者的期待和看法。

同樣致命的是包含許多描述和自我推銷的冗長問題，例如：「我本身學的是景觀設計，很崇拜設計紐約中央公園的奧姆斯德（Frederick Law Olmsted），他在我心目中是被世人低估的天才。我經常旅行，世界各大城的偉大公園恆久不墜的活力和人氣讓我深受震撼，比如紐約的中央公園、倫敦的聖詹姆斯公園、巴黎的布隆涅森林。因此我想知道你是否同意，思考綠地空間時，我們應該懷抱更大的野心？」有人在某個永續發展論壇站起來提出這個問題。別跟他犯一樣的錯。

此外，也要小心隱含假設的問題。社會學家豪沃・貝克（Howard Becker）有一次就責備我問了他這樣的問題。當時我們坐在他灑滿陽光的書房，眺望舊金山出名陡峭曲折的倫巴底街。我問他：「是什麼讓你決定成為社會學家？」貝克聞言表情扭曲，好像聞到什麼可怕的味道。「你預設這是一個決定。」他說：「更好的問法是：你怎麼會成為一個社會學家？」

貝克漫長的學術生涯多半在西北大學度過，因為潛入各種次文化長達數月、甚至數年，再以內行人的觀點描寫該文化而聲名大噪。[4]他寫過的主題有爵士樂手、抽大麻的人、藝術家、演員和醫學院學生等。他告訴我：「我不確定自己比其他人擅長傾聽，但如果聽到自己不懂的事，我會開口問。」對他來說，問題再糟都不會比不問問題更糟。

九十一高齡卻仍老當益壯的貝克，不懂人為什麼會不願意發問。貝克遊歷廣闊，曾在四個國家教學和研究。他說沉默少言似乎成為全球的趨勢，而且是缺乏建設性的一種全球趨勢。現在他舊金山和巴黎兩地跑，*他說在兩種文化和語言之間來回轉換，讓他不會對自己的所知所聞感到自滿。「日常對話有太多東西被視為理所當然，尤其是用母語對話的時候。」他說：「話語就這樣過去了，你不知道那究竟是什麼意思，但也就這樣讓它過去，因為覺得那不重要，既不需要知道，也不用覺得難為情。」

或者，是因為害怕聽到答案。問開放性的問題表示，對話可能往任何方向走，尤其是情感的領域。用開放的態度聽人說話，需要一定程度的冒險精神，甚至需要一些勇氣，因為你不知道話題會停在哪裡。「很多人會不太自在。」貝克說：「不少男性都不善此道。這是為什麼（男性社會學家）不做田野，選擇人口統計學，這樣就不用深入瞭解人了。」

這麼想的不只有貝克。研究發現，男女都覺得女性是比較開放、有同理心的聽眾。[6]也有證據指出，女性通常留意關係和私人的資訊，男性則關心以事實為基礎的資訊。[7]因此，女性比較可能獲取信任，聽人吐露心事，引出的話題也相對較有趣，讓她們更願意聽人說話。

但這究竟是天生如此或後天使然，至今仍眾說紛紜。[8]有些人歸咎於鼓勵男生要有男子氣概、不受他人情緒所動的文化養成。有些人認為，女性的社交敏感度普遍較高，連女寶寶也是，不能完全推給社會或父母的影響。[9]甚至有人主張，自閉症就是一種極端的男性大腦，最大的特點就是難以接收到語言或非語言溝通裡的情感線索。[10]

我為本書所做的訪談中，女性比男性善於傾聽的話題一再出現。休士頓的一位房地產投資客告訴我：「我不親自面試房客，只會派一名女職員去，因為她們看人比我厲害多了。我不像她們那麼會聽人說話。」同樣地，舊金山的一名創投業者也說，評估新創

＊貝克的著作和研究方法，或稱Beckerisme，在法國很多大學都是指定讀物。[5]

公司的創辦人時，他都會聽公司一名女性合夥人的意見。「她看人的功力準得不可思議。創辦人還沒開口，她就能看出對方的動機和人品好壞。很神奇。我請教她是如何辦到的，她也說不上來。她跟我媽一樣，就是知道。或許那是女性獨有的能力。」

但若說全天下女性都比男性更擅長傾聽，就跟說男性都比女性高一樣。我訪問過很多不善傾聽的女性（私下也認識不少），以及格外擅長傾聽的男性。擅不擅長傾聽，其實跟背景、生活經驗，甚至當下狀況比較相關。有些人可能只擅長傾聽某些人說話，或只擅長在某些場合下傾聽。

不過，每個人多少都有點害怕面對樂於傾聽的人，擔心在他們面前情緒潰堤。無論如何努力壓抑或隱藏，人類其實是情感豐沛的動物。有時候，我們連自己的情緒都控制不好，要面對他人內在的混亂情感更是難上加難。

根據瑞士洛桑大學的研究，表達負面情緒的聲音，比更為中性或正面的聲音聽起來大聲很多，即使實際的音量一樣。[11]同樣地，明尼蘇達大學和伊利諾大學香檳分校的研究發現，工作時的負面互動帶給員工的壞情緒，比起正面互動帶來的好情緒大五倍。[12]這跟約翰·高曼（John Gottman）研究婚姻和家庭的發現不謀而合。高曼任教於西雅圖的華盛頓大學，根據他數十年來的觀察研究，關係要成功，良好互動至少必須是負面互動的五倍。[13]難怪我們寧可把他人擋在門外，也不想冒可能受傷的風險，畢竟這種風險完全不成比例。

在《恰到好處的安慰：這樣說，幫助親友面對挫折、傷痛和低潮》（*There Is No Good Card for This: What To Do and Say When Life Is Scary, Awful, and Unfair to People You Love*）中，凱西・克洛（Kelsey Crowe）和艾蜜莉・麥朵威爾（Emily McDowell）間接指出另一種源於此種逃避心態的轉移型回應。[14]戴伯認為轉移型回應的特點是，想把話題轉回自己身上的自戀舉動。但克洛和麥朵威爾描寫的轉移型回應，則是當人對他人的情緒感到不自在，會急著解決或搓掉問題，而不是認真傾聽，讓難過或委屈的人表達感受，並透過對話自己找出解決方法。作者建議讀者應壓抑以下衝動：

- 表示你知道他人的感受
- 指明問題的起因
- 告訴別人要如何解決問題
- 不把對方的擔憂當成一回事
- 用牽強的正面心態和陳腔濫調詮釋問題

● 誇獎對方有多強

知道他人的煩惱，並不表示你需要替人解決煩惱。通常別人也不是要你替他們想辦法，只是想聽聽他人的意見。況且，一旦開始教人該怎麼做或怎麼感受，就等於打斷對方想說的話。無論你的出發點多麼良善，或者認為自己的建議有多受用，對方都會反射性產生抗拒，對你的建議心生反感，即使你表達得再委婉也一樣。你或許可以幫人修理漏水的水龍頭、修改履歷或找到一個好會計，卻不能幫人挽救失敗的事業、修復破碎的婚姻，或爬出絕望深淵。為他人的困境提供解答，只反映了你若是他會怎麼做，但你畢竟不是他。

你最適合做的事，就是傾聽。努力瞭解對方面臨什麼樣的問題，試圖體會對方的感受，這麼做就能通往解決途徑。用傾聽來解決問題，也是貴格會成立「澄心委員會」（clearness committee）的出發點。[15]成立於一九〇〇年代，剛開始是教會長老判斷想結婚的男女能否和諧共處的方式。長久下來，澄心委員會擴大範圍，幫助教友解決諸如關係、事業或信仰等各種煩惱。

收到申請之後，約六人組成的委員會便集合起來傾聽「焦點人物」說出煩惱。接著，委員會成員提出他們稱為「信實」的問題，基本上就是全體給予支持型回應，其中沒有睿智的建議，或是類似經驗的分享，也沒有人提出意圖導引或影響當事人想法的問題。相反地，澄心委員會提出的問題是為了幫助當事人更深入自己的內心，讓答案自然浮現，也讓清澈的思緒從內在湧現。

貴格會的教師和作家帕克．巴默爾（Parker Palmer）告訴我他一九七〇年代參加澄心委員會的經驗。當時有個大型教育機構邀請他去擔任會長，他不知道該不該接受。一開始，委員會成員問了他有關該職位的問題和他想達成的目標。接著，有個人問了一個看似簡單的問題：「帕克，當會長對你來說有什麼好處？」他列出他討厭的事：政治、募款、不能教書。對方又問：「但好處是什麼？」他又說了他討厭的事：「我不想放棄暑假。」委員會成員仍不死心：「那麼你喜歡的又是什麼？」

最後，他恍然大悟，說道：「我想我最喜歡的是自己的照片登上報紙，底下還加上會長頭銜。」一陣尷尬的沉默。接著，另一個問題打破了沉默。「帕克，你不能想一個更簡單的方法讓照片登上報紙嗎？」巴默爾邊笑邊回想：「當下我瞭解到，接受這份工作只是為了滿足我的虛榮心。」於是他回家跟妻子商量後打電話給該機構，請他們拿掉他的名字。「事後回想，我很感激有被深入傾聽的經驗，不僅如此，還有傾聽自己的難得機會。」他說：「那讓我免於犯下大錯。」

要是委員會上有人跟他說：「帕克，我不認為你真的對那份工作有興趣。」結果可能會有所不同。「當有人跟你說你有何感受或你該怎麼做時，我想絕大多數人都會產生防備心。」巴默爾告訴我：「我們會開始辯解無可辯解之事。『你憑什麼這麼說，你又不瞭解我。我當然有興趣，這個機會千載難逢。』我們開始說服自己相信某些事，同時徹底改變了對話的動能。」

曾是澄心委員會的焦點人物，也擔任過數十次負責發問的委員，促使巴默爾制定出一套課程，把程序教給貴格會以外的人。如今，這套課程成為「勇氣與更新中心」（Center for Courage & Renewal）舉辦的靜修營使用的教材。這個位在西雅圖的非營利組織二十五年前由巴默爾創立，旨在支持以助人為業的工作者，如醫生、教師和社工。其重點不在於教人如何舉行正式的澄心委員會，而在於傳授委員使用的傾聽技巧，幫助他們工作時更有效率、日常生活中與人相處更融洽。

至今已有二十多萬人參加過巴默爾的靜修營，而課程中最難的一部分是學習問「信實」的問題；若要符合靜修營的非宗教性質，那也意味著「開放且誠實」的問題。參加過靜修營的一位西雅圖神經外科醫生告訴我：「你不知道自己問的問題，會把雙方的互動縮減成枯燥乏味的交易。無論是在工作或生活上，一切都是那麼的二元對立，不是這個就是那個，你漸漸不再傾聽他人的故事，也忽略了真正重要的東西。」

提出開放且誠實的問題很難，因為多數人問的問題，其實是偽裝過後的建議或評斷。例如，「你考慮過接受治療嗎？」和「你為什麼不跟他離婚？」都不是開放且誠實的問題。開放、誠實的問題不會隱藏修復、挽救、建議或糾正的目的，「於是我們喜歡做的事都不能做。」巴默爾坦言。但要對問題有根本的理解，問開放且誠實的問題有其必要。那才能讓人說出自己的故事、表達實際的想法、找出內在的資源，從中發掘自己對問題的看法，並決定下一步該怎麼做。

⌘

假設你的兒子或女兒上完足球課之後，一跳上車就說：「我討厭上足球課。我再也不去了。我放棄。」家長聽到這種話都會不高興，可能會回說：「怎麼可以放棄？你的團隊精神到哪裡去了？」或是「我的天啊，怎麼回事？我要打電話給教練！」或「你餓了嗎？我們去吃東西。吃飽你就好多了。」以上都不是傾聽的表現。逼問他們發生了什麼事像在質問。要他們別這麼想是忽略他們的感受。改變話題只會火上加油。小孩跟我們一樣，都想要被傾聽。試著詢問：「你一直都這麼覺得嗎？」或「你說放棄是什麼意思？」把孩子的話看作對話的邀請，而非要你解決或煩惱的事。

同理，當事人往往已經有解決問題的方法，你只要傾聽，就能幫助他們想通最好的處理方式，無論是現在還是未來。范德比爾大學的研究發現，母親不用幫忙也毋須批評，只要傾聽孩子解釋圖形辨識的答案，就能顯著提升孩子日後解決問題的能力，甚至比孩子對自己解釋答案，或在腦中一再重複答案的效果更好。[16]更早的研究顯示，大人身旁若有一個專注的傾聽者，想出的答案會比獨自思考更詳盡、更多樣、論據更充分。[17]

無論對象是小孩、伴侶、朋友、同事，或是想找你討論私人問題的員工，你若能提出開放且誠實的問題，並認真傾聽對方的答案，這就等於在傳達「我想聽你怎麼說」或「你的感受是合理的」訊息。若是急著解決問題、提出建議、糾正別人或轉移話題，就是在傳達對方沒有能力解決問題的訊息：「沒有我，你不會想到這個方法。」也等於在告訴對方：「我們的關係裡沒有坦誠相對的空間。」相反地，提出問題並認真傾聽答案，對方或許會反過來問你問題，從你的經驗中獲益。這也無妨。如此一來，你就能名正言順思考你對問題的看法，然後提出你的建議或給予對方安慰。這同時表示，你分享的故事和感受真的對他人有益且切中問題。

茱莉・梅澤爾（Julie Metzger）是西雅圖的合格護理師，專長是鼓勵父母和青少年傾聽彼此說話。她的熱情深具感染力。她創立的非營利組織「正向對話」（Great Conversations）[18]，近三十年來在太平洋西北地區開課、辦演講，幫助青春期和前青春期的小孩跟父母討論性和「其他關於長大的話題」。儘管這類話題讓人臉紅，她的班級人數仍然爆滿。部分原因是梅澤爾的幽默感（把衛生棉黏在毛衣上演講讓她聲名大噪），但也因為她很擅長指出家人互動的盲點，尤其是提出的問題多半以解決問題為目的，而不是為了聯繫彼此的感情。

想想小孩放學回到家後，你可能會連珠砲似地問一串問題：「學校還好嗎？」「吃過了沒？」「有回家功課嗎？」「法文考得怎麼樣？」「便當盒有帶回家嗎？」同樣地，另一半回到家，你可能會問：「工作如何？」「提案完成了嗎？」「禮拜五想請莫瑞夫婦來家裡吃晚餐嗎？」「你去拿乾洗了嗎？」聽起來很親切、關心他人又充滿好奇，但梅澤爾說：「實際上，你在逐一核對清單，確定事情是否完成，接下來又該做什麼。這不是真正的對話，也不是傾聽。」

這並不是說不該問實際的問題。當然要問。只不過當你問的問題僅限於這一類時，關係就會生變。公開、誠實且探索式的問題，以及問這類問題的先決條件——真心的好奇和認真的傾聽，不只能讓你更瞭解他人的想法，也是親密關係的基礎。問題可以只是簡單的「你今天學了什麼？」或是「今天你最開心和最不開心的事是什麼？」

愈加認識並瞭解一個人的來歷，你會覺得跟對方愈加親近，無論對方是心愛的人或陌生人。紐約州立大學石溪分校的心理學教授亞瑟・艾隆（Arthur Aron）把兩個互不相識的學生分成一組，讓他們互問對方三十六個無所不包的問題。例如：

- 打電話之前，你會先想要說什麼嗎？為什麼？
- 對你而言，什麼才算「完美」的一天？
- 你上一次唱歌給自己聽是什麼時候？唱給別人聽呢？
- 如果你可以活到九十歲，後面六十年能保有三十歲的頭腦或身體，你會選擇頭腦還是身體？

經過相互的傾聽練習之後，配成一對的陌生人表示跟對方產生強烈的親密感，更勝配成一對一同解決問題或完成任務的人。[19] 實驗中甚至有兩對後來結為夫妻。這份研究二十多年前發表時乏人問津，二〇一五年《紐約時報》刊登的〈如何跟任何人墜入愛河〉

（To Fall in Love with Anyone, Do This）這篇文章讓它重新出土，獲得廣大的回響。[20] 艾隆的問題後來被改為「讓人墜入愛河的三十六個問題」，並在網路上瘋傳，不斷有人用它來點燃新戀情和重溫舊戀情。

擅長傾聽的人通常也擅長發問。問問題讓人更專心聆聽，反之亦然，因為要先傾聽才問得出恰當與貼切的問題，問完之後也必須認真傾聽對方的答案。再者，真心好奇和坦承直率的問題會讓對話更有意義、更具啟發性，甚至還能避免誤解。反過來說，這也讓敘事更有趣、更動人，甚至讓人更設身處地替人著想，真誠穩固的關係就建立在這樣的基礎之上。

要跟人產生有意義的交流，進一步建立關係，一定要樂於傾聽他人的故事，包括對方的出身、夢想、工作經歷，甚至他們為什麼害怕小圓點。愛，不就是傾聽他人的故事，並希望成為他人不斷展開的故事的一部分嗎？所有關係也一樣，無論是戀愛關係或柏拉圖式的關係。而聽陌生人說話，或許是你能做的最友善也最慷慨的一件事。

認真傾聽，在對話中給予支持型而非轉移型回應，可以收集到許多故事，就像在收集郵票、貝殼或硬幣。這樣的人所給的回應，在對話中更容易引起他人的興趣。我遇過最健談、說話最有趣的人，都是最敏銳的發問者和最認真的傾聽者。本書中提到的傾聽大師，無論具名與否，他們說的故事都讓我深深著迷。部分由於他們收集了各式各樣的題材，此外他們似乎有意或無意中學會了抓住他人注意力的口氣、語調、停頓、抑揚頓挫和表達方式。

包括湯姆・伍爾夫（Tom Wolfe）、約翰・麥菲（John McPhee）、理察・普萊斯（Richard Price）和安東尼・杜爾（Anthony Doerr）在內的知名作家都說過，傾聽是他們創作的靈魂。[21]普立茲獎得主伊麗莎白・斯特勞特（Elizabeth Strout）接受訪談時表示：「我終其一生都在傾聽。只是不斷地傾聽、傾聽、傾聽。」她的小說《波吉斯兄弟》（*The Burgess Boys*）中的吉姆・波吉斯說：「人一直都在告訴你他們是誰。」[22]斯特勞特說她很喜歡這句話，因為人確實是一直在這麼做，往往不由自主。「如果你仔細聽，真的可以得知他人的很多事。」她說：「我只是覺得一般人不會那麼認真聽。」[23]

我們一生中收集的故事決定我們是誰，也是構築現實世界的鷹架。家人、朋友和同事都有讓彼此緊緊相繫的故事，對手和敵人則有讓彼此保持距離的故事。人的傳說、軼事、真真假假的傳聞、低估或誇大的說法充斥在我們四周。傾聽幫助我們分辨真假，深入瞭解各種複雜的狀況和在生命中遇到的各種人。藉由傾聽，我們得到收集資訊、建立連結的入場券，無論置身於哪一個社交圈。

13 錘骨、砧骨和蹬骨——聲波化為腦波的過程

在休士頓的喬治布希洲際機場，旅客接送區鬧烘烘的。警察大吼大叫，吹著哨子指揮車輛繞過工地。頭戴安全帽、身穿橘色背心的工人用電鑽鑽著水泥牆。一部挖土機不斷噴出黑煙，把灰白碎石鏟進轟隆隆運轉的砂石車車斗。接駁公車轟轟空轉並咻咻開走。喇叭聲此起彼落。汽車駕駛搖下車窗，破口大罵。

我困在車陣裡，看見家父走出航廈，離我約有一百碼遠。他拖著行李箱往前走，在人行道上啄食的一群鴿子驚飛四散。我站在車子的踏腳板上大喊：「爸！」聲音被周圍的喧囂吞沒。然而，家父卻立刻轉向我的所在，對我揮揮手，毫不猶豫地大步走向車。「天涯海角你都聽得到你家小狗狗的聲音。」他說。

確實有些動物的聽力比人類好。例如，狗從更遠的地方就能聽到幼犬汪汪叫的聲

音，比我爸還厲害。大象的耳朵很敏感，甚至聽得到雲飄過來的聲音。[1]但是人類特別擅長分辨和分類聲音，以及為聽到的聲音賦予意義；這或許是最重要的。

家父一走出機場便投入了聲波組成的洶湧大海，被不同頻率和振幅的聲音高低起伏包圍，但我獨一無二的音質抓住了他的注意力。我的聲音觸發了一波波身體、情感、認知的反應，引起他的注意和回應。我們很容易把這種察覺和處理聲音資訊的能力視為理所當然，因為我們一整天、每一天都在做這件事。然而，無論從明確度和複雜度來看，這都是一種驚人的能力。

大腦的哪個部分負責理解聲音資訊，多年來累積了大量的相關研究。科學家研究過各種動物辨識和詮釋聲音的過程，如猴子、老鼠、兔子、角雕、海獅、狗，你可以找到各式題材的研究報告，從聽覺訊號傳送的自然路徑，到基因如何根據輸入的資訊做出反應都有。儘管如此，人類在對話之中究竟如何聽，以及跟他人產生連結，我們仍然所知甚少。研究發現，處理別人說的話，是我們要腦袋做的最精密也最複雜的一件事。

我們只知道大腦兩側各有一個聽覺皮層，剛好就在兩耳附近。聽覺皮層若受損或移除，你就聽不到聲音，儘管可能還是有些反射性回應。[2]比方打雷時會反射性縮起身體，卻不知道為什麼。對理解話語不可或缺的韋尼克區位在左腦，以德國神經學家卡爾・韋尼克（Carl Wernicke）命名。他在一八七四年發表他的發現：該區受損的中風病患仍然可聽可說，卻無法理解他們聽到的話。[3]我們並不清楚理解話語時要動用多少大腦的其他部分，或是不同人之間的差異有多大，但可以合理推論，比起不善聆聽的壞聽眾，能抓住對話中每個細微差異的好聽眾動用更多腦部區域，也發送出更多神經元。

不過，聽人說話時，我們的腦袋處理的不只是話語，還有音高、音量和聲音的流動，也就是韻律。事實上，就算話語模糊不清，人類還是可以準確詮釋訊息的情感層面。想想一個人說「當然」的各種方式。樂於伸出援手時，聲音高亢、活力充沛的「當然！」；也有略顯遲疑、聲音較低的「當－然」，字跟字拉長，顯示說的人無法確定或不太樂意幫忙。再來就是聲音短促、冷淡的「當然」，後面跟著「但是」，對方可能要討價還價或根本不想幫忙。

研究逐漸發現，腦中有神經叢專門負責偵測音高和語調的細微變化。[4]愈是擅長傾聽，神經元就愈能察覺這類聲音變化，其中承載了說者的情感和想傳達的意義。舉例來說，音樂家擅長辨別音高和音調的不同，比起非音樂家能更快接收到聲音傳達的情感。[5]因此，音樂家通常比較敏感的說法確實有幾分道理。音樂家即使不懂中文，多半也比非音樂家更能察覺中文微妙的聲調變化，而中文的聲調變化不只表達情感，有時甚至會完全改變一個字的意義。[6]

也有證據顯示，對話時動用到腦袋的哪個部位，取決於你如何詮釋你聽到的話。神經學家烏里．哈森證明，當聽者與說者達成共識時，雙方的腦波也會一致。他在普林斯頓大學的研究室，還做了另一項有趣的功能性磁振造影實驗，證明帶有成見的資訊對腦袋產生的影響。[7]他和同事讓受試者聽沙林傑（J. D. Salinger）的短篇故事〈電話疑雲〉（Pretty Mouth and Green My Eyes）的刪節版。[8]故事描述了亞瑟和李之間的電話對話。亞瑟告訴李，他懷疑妻子紅杏出牆，此時李身旁的床上正好躺了一個不知名的女人。聽故事之前，研究員告訴一半受試者，跟李躺在床上的女人就是亞瑟的妻子，告訴另一半人亞瑟有疑心病，床上的女人是李的女友。

這個細節上的差異就足以大幅改變受試者的腦部反應。因此後來聽故事時，哈森能輕易看出哪些人認為亞瑟的妻子出軌，哪些人認為她並未對丈夫不忠。如果光是這樣，人的神經路徑就會不同，想想平常習慣聽福斯新聞（相對於ＣＮＮ）的人，腦中都發生什麼事。把同一件事告訴這兩個陣營，他們腦中聽到的東西會截然不同，因為接收到的訊號會根據之前聽到的東西送往不同路徑。「那會改造你的大腦。」哈森告訴我：「影響你聽的方式。」因此，他才主張盡量多聽不同來源的資訊，讓腦袋保持靈活。不然，腦袋就像一部馬力無法全開的汽車，或一台電路板迴路有限、無法完全發揮效能的電腦。

人類處理聲音資訊還有另一個有趣的面向，那就是右耳優勢。[9]如果你是右撇子，用右耳聽時（相對於左耳），理解語言的效果會更快、更好。這跟大腦的偏側化有關，右耳聽到的聲音會先傳到左腦，也就是韋尼克區所在的區域。但若是要辨認語言的情感面向，還有欣賞與感受音樂和大自然的聲音時，則是左耳占有優勢。[10]對左撇子來說，大腦迴路或許跟右撇子相反，左、右耳的優勢就隨之互調。[11]

因此，你比較擅長接收話語的意義，還是話語底下的情感，取決於你用哪邊的耳朵聽。這些發現來自不同的研究。一種是讓受試者聆聽用左邊或右邊耳機傳入的聲音，[12]一種是對右腦或左腦受損的病患所做的研究，例如右腦受損的人最難接收情感訊息。

義大利科學家也做了一個巧妙的研究，發現在吵鬧的夜總會裡，人多半會用右耳聽走過來跟他們搭訕的人。[13]此外，當對方對著他們的右耳跟他們要香菸時，他們通常比較會答應。這是在自然情境下證明右耳具有優勢的聰明方法，畢竟我們很難只對一邊的耳朵提出要求而不顯得刻意。

這或許提醒你要用哪邊耳朵跟人說話或講電話。跟上司說話時，把頭歪向左邊，讓右耳朝上。若是你不確定另一半是不是在生氣，把手機換到左耳，若你是左撇子就換到另一邊。但或許你在潛意識就會選擇對你最有利的那隻耳朵。例如，某位在男性主導、作風強硬的休士頓石油產業工作的左撇子女性主管跟我說，她講手機都用左耳——對她這樣的左撇子來說，就是掌管邏輯而非情感的耳朵。「如果用右耳講手機，我好像就聽不到。」她說：「當然沒這回事，但感覺起來就是這樣。」

焦點團體的主持人娜歐蜜．韓德森告訴我，她發現當人把頭歪向右邊，豎起左耳時，通常表示他們正在挖掘自己較感性的那一面，亦即對她的顧客來說最珍貴的資訊。所以當她看到有人把頭歪向右邊，豎起左耳時，她會上前問對方，他們正在討論的產品或議題讓他們想到什麼回憶或畫面。這是她從經驗而非科學實驗中得到的發現，但確實有其道理，因為左耳通常是比較感性的耳朵。

你都用哪邊的耳朵講手機？當你拚命想聽清楚時，會豎起哪隻耳朵？在不同情況下或跟不同對象，你會用不同的耳朵嗎？這是個有趣的實驗，也許能指出你處理資訊的方式，或是當下哪方面的資訊對你更顯重要。同樣有趣的是，在對話時觀察別人用哪隻耳朵對著你，以及是否會隨著話題更動而改變。

⌘

或許我們應該在這裡退回去談談聽覺的運作機制，也就是傾聽的先決條件。我們已經談過聲音資訊進了腦袋之後是如何處理，但也值得來看看它是怎麼到達那裡的。先停下來想一下有如奇蹟的耳朵。腦袋兩側的開口，除了幫助我們聽見聲音，也幫助我們維持平衡。你可以說耳朵幫助我們定位，身體和情感都是。

最早的脊椎動物有內耳，也就是前庭（或平衡）系統的雛形。[14]容易暈眩的人很清楚前庭系統運作良好有多麼重要。它會感測到身體在空間裡的速度和方向，再把訊號傳送給肌肉骨骼系統，讓我們保持直立。人類祖先的原始前庭系統不但能感測哪一邊是上面，還能隨著壓力振動。[15]一開始在水裡，之後在空氣中，聽覺就是從這裡開始，畢竟聲波不就是空氣的壓縮嗎？無論是巴哈的奏鳴曲、正在倒車的垃圾車、嗡嗡飛的蚊子，不過都是空氣分子在固定的間隔內擠壓在一塊，就像一隻隱形的尺蠖在空間裡一伸一縮地往前爬。

聲波傳到我們的耳朵時，空氣壓縮跑進了**耳廓**，即耳朵外部的硬肉。等到聲波傳進耳道時，相對聲壓已經增加二十了分貝。[16]那裡的神經末梢非常密集。田納西州納什維爾的范德比爾大學耳朵外科主任大衛・海涅斯（David Haynes）告訴我，深入耳朵的神經觸鬚每平方公分比身體其他部位都來得多。「這樣的演化結果讓我們更有防禦力，因為耳朵是我們超級重要的不動產。」他說。這些感覺神經可以將感覺傳到身體各個部位，包括內臟和性感帶。這就是為什麼不論海涅斯這樣的醫生再怎麼嚴正警告我們別用棉花棒挖耳朵，大家還是樂此不疲。掏耳朵就是那麼舒服，[17]無怪乎會有「耳朵高潮」這種說法。[18]

在耳道的另一端，腦內約一吋深的地方，聲波撞上**鼓膜**（漂亮小巧的珍珠色耳膜），振動旁邊幾個名字取得很生動的骨頭，例如**錘骨**、**砧骨**和**蹬骨**。聲波從這裡開始繞著充滿液體的**耳蝸**盤旋，耳蝸長得就像蝸牛殼（cochlea，意即希臘文的蝸牛）。耳蝸上排列著細小的毛細胞，每個對應的頻率都不同。由於溝通和合作是人類得以存活的關鍵，跟人聲頻率一致的毛細胞最是敏感，應該不令人意外。

從每個毛細胞突出去的是一束硬毛，稱為**靜纖毛**，每一束只有可見光束的最小波長那麼寬。[19]當聲波前後推動這些細毛時，會刺激神經末梢，啟動各種認知和感受程序。因此在鬧烘烘的機場裡，靠著幾十微米長的細小毛細胞辨別出小到不能再小的變化，我爸才得以認出我的聲音，跟我招手。

聽力喪失多半是因為高分貝聲音讓毛細胞受損。[20]在電子顯微鏡下，健康的靜纖毛就像士兵立正站好排成一列。要是暴露在救護車警笛這類高分貝聲音下，靜纖毛就像遭到攻擊一樣彎曲倒下。

噪音若不是太大或者沒持續太久，毛細胞或許可以復原。一般對話大約六十分貝，不會造成損害，但是用耳機大聲聽音樂約是一百分貝，聽不到十五分鐘就會造成永久的傷害。把音量調低到八十八分貝，持續聽四小時，毛細胞才會受傷。電鑽或噴射機引擎的聲音持續短短三十秒就能造成傷害。

日常做的事有很多會對珍貴的靜纖毛造成傷害，包括吹乾頭髮、用攪拌機、聽搖滾演唱會、吸地、在電影院看電影、到很吵的餐廳吃飯、騎摩托車和使用電動工具。[21] 長久下來，這些噪音可能導致聽力大幅喪失。這麼一來，就剝奪了你傾聽以及和世界產生連結的能力。但聽力專家說，在吵鬧的地方戴上一副便宜的泡棉耳塞，對維持聽力就大有幫助。

你也可以花四十到兩百美金訂做一副吻合自己耳廓大小的耳塞。這種價格較高的升級版耳塞可以過濾噪音，讓你聽得清楚，只是音量較小。這類耳塞多半是常接觸噪音的專業人士才會戴，譬如音樂家、飛行員、牙醫、工人和電腦技術人員。但是對於想去看電影或聽音樂會卻又不想傷到耳朵的人，過濾噪音的耳塞是一項不錯的投資。試著在手機下載測量噪音的應用程式，你會發現很多電影院的音量遠遠超過美國疾病控制與預防中心底下的國家職業安全衛生研究所建議的最高音量。

專家開始稱現今的青少年為「聾世代」，因為長期使用耳塞或耳機不斷損害他們的聽力。世界衛生組織發出警告，全球有十一億年輕人因過度使用耳機而有聽力受損之虞。[22]有個好方法可判斷小孩是否正在破壞聽力：若聽不到他們的耳機發出任何聲音，表示音量在安全範圍內。這個標準當然不只適用於小孩。大人也會為了壓過周圍的噪音或訊號太差而調高手機的音量。

大約有一五%的美國人聽力受損，相當於四千八百萬人，[23]其中六十五歲以下的人占了六五%。[24]這還只是在調查中承認自己聽力受損的人，實際人數可能多很多。因此，聽力受損成為相當重要的公共衛生議題，目前是第三常見的慢性病，僅次於高血壓和關節炎。[25]

很多人要到情況嚴重才發現自己聽力受損。這是因為視力可以彌補受損的聽力，大腦自動會補上你聽不清楚的話。問題是，大腦不會每次都猜對，實際上還經常猜錯。大腦預期聽到的話往往跟實際說出的不同，有時甚至沒人說話也會聽到聲音。早在一八九〇年代，就有研究證明人類容易產生幻聽。[26]研究人員把某種聲音跟某種刺激（如光線）配成一對，沒多久，受試者看到光線一閃就會「聽到」聲音。類似的經驗你或許也有過，比如手機沒響卻聽到手機響的聲音。

過世之前，神經學家奧立佛・薩克斯的聽力逐漸喪失，他把自己的「誤聽」記在筆記本上。[27]他記錄自己聽到的是紅色，實際上卻是綠色或紫色，還有隨之而來的誤解，有些很值得寫成電視喜劇。像是他把 chiropractor（整骨師）聽成 choir practice（合唱團練習），把 publicist（公關）聽成 cuttlefish（烏賊）。我個人最喜歡的一個誤聽實例是，我告訴某個朋友我在院子裡種 baby seedless watermelons（無籽小西瓜），他說：「Baby Jesus watermelons（小耶穌西瓜）？需要種在馬槽裡嗎？」

常見的誤聽發生在我們聽不清楚歌詞、腦袋用其他字句代替的時候。一個經典例子是把吉米・罕醉克斯（Jimi Hendrix）的代表作〈紫霧〉（Purple Haze）中那句 scuse me while I kiss the sky（原諒我親吻天空）聽成 scuse me while I kiss this guy（原諒我親吻那人）。這種現象在英文裡甚至有個專有名詞：mondegreen（耳誤），由美國作家席維亞・萊特（Sylvia Wright）在一九五四年所創。[28]她提到年少時她把一首蘇格蘭民謠中的 and laid him on the green 這句歌詞聽成 and Lady Mondegreen。Mondegreen 一字即由此而來。

誤聽有時也源於「麥格克效應」（McGurk effect），[29]當視覺和聽覺刺激相互衝突就可能發生。例如，明明發出 ba-ba 的音，嘴形看起來像是 ga-ga，腦袋接收到的聲音會是 da-da。

這些例子告訴我們，很多人不是好聽眾，原因在於他們真的聽不清楚，於是腦袋會用奇怪的方式加以彌補。有些誤聽雖然令人捧腹，長期聽力受損卻會在情感和社交生活造成一連串負面的影響，以下是其中幾項：[30]

- 暴躁易怒，消極負面，疲憊，緊張，壓力大，還有憂鬱
- 迴避或退出社交場合
- 受到排擠，孤單寂寞
- 工作表現和賺錢能力降低
- 心理和整體健康降低

這些徵狀並非聽力受損的結果，而是聽力受損導致難以與人溝通所致。所以把音量控制在安全範圍內（不高於最大音量的六〇%[31]），在嘈雜的環境裡戴上耳塞，保護耳朵，才顯得如此重要。若你懷疑自己的聽力問題有其生理因素，也該去檢查一下耳朵。

此外，耳垢太多也會影響聽力。[32] 一年讓耳鼻喉醫師好好清一下耳朵，你會驚訝地發現自己的聽力變好了。

⌘

耳朵當然對聽覺不可或缺，但值得一提的是，聽不只關乎聽覺，也關乎視覺。[33] 負責處理話語的韋尼克區位在視覺和聽覺皮層的交接處，或許並非偶然。[34] 在清楚可聞的對話中，讀唇負責多達兩成的理解工作。[35] 此外，一般認為，話語中的情感內容有五五％透過非語言途徑傳送。[36] 所以，即使你檢查過耳朵，聽力毫無問題，卻在別人對你說話時看著手機或窗外，就聽不到完整的內容。

儘管我們自認為要揭露多少訊息可由自己掌控，但表情、動作、姿勢、呼吸、出汗和各種肢體語言，都會出賣我們。如佛洛伊德所說：「人都守不住祕密。就算閉上嘴，指尖也會說話，每個毛細孔都在出賣他。」[37] 好聽眾看得出其他人漏掉的微妙訊息。

真情流露時，人臉會出現一些共通的表情。最明顯的是皺眉、噘嘴、自尊受傷時抬起下巴、眼周的細紋，還有由衷開心時嘴角上揚、咧嘴微笑。我們跟靈長類動物有很多自然浮現的共同表情，如微笑、皺臉、驚訝時抬起眉毛，這表示表情是一種先於語言的不由自主表現。[38]

達爾文認為，表達「危險！」「別惹我！」或「我們來交配！」的能力，是人類得以存活的關鍵，早在我們發展出語言能力之前就存在。科學家測量了人的臉部肌肉收縮形成表情的速度，發現跟說話或比手語的速度一致。這叫作臉部表情的**語法化**。[39]

真情流露的表情跟「裝出」的表情，明顯可以看出不同。真心的表情是細微肌肉收縮的特別組合，尤其是眼周和嘴周，非自己所能控制。你可以假笑、假裝勇敢或驚訝，但跟真情流露時的表情就是不一樣。

人通常看得出對方的表情是不是裝出來的，也能看穿他人真正的感受，只要之前有過經驗。父母若情緒缺少起伏、情緒低落或暴躁易怒，小孩長大之後理解各式各樣的臉部表情就比較困難。[40]研究發現，花太多時間看螢幕的人也有這種問題。[41]

但只要把握機會傾聽，跟各式各樣的人互動，就能扭轉這種現象。例如，有個研究以參加禁帶 3C 戶外營隊的小孩為觀察對象，發現不碰手機或平板、只跟同儕互動才五天，跟沒參加營隊、繼續使用 3C 的小孩比起來，這些小孩正確解讀表情，以及辨識照片和影片人物情緒的能力明顯好很多。[42]

臉不只隨著情緒改變表情，也會改變顏色。除了困窘時跟甜菜根一樣紅，震驚時一臉慘白，還有對應各種情緒更為細微的臉色變化。這是由鼻子、眉毛、臉頰和下巴周圍的血液流動而產生的細微變化。此外，無論性別、種族或膚色，表達不同情緒的色譜都相同。認真的聽眾會察覺到這些變化，而且通常是不自覺的。

俄亥俄州大學有項研究把不同情緒的色彩變化放到面無表情的臉上，結果受試者七四％的時間都能準確辨識對方的情緒。[43] 人類臉上貼近皮膚表層的血管比身體任何部位都多，而我們臉上的毛髮又比大猩猩少，可見露出臉色對我們來說，是一種演化上的優勢。但如果不用全部的感官傾聽，你就不會察覺。

聽人說話時，你會收到源源不絕的訊號，很多都不須刻意觀察就能形成你對那人的印象，幫助你詮釋種種訊息。然而，有時候訊息會多到讓人喘不過氣，尤其是對話很激烈的時候。所以人有時才會不自覺地把對話強度調低，例如在開車、煮飯或做其他事時提起情緒性的話題，這樣就不用跟對方面對面。同樣地，伴侶可能睡前一起躺在漆黑的房間裡，才進行嚴肅的對話。減少或緩和視覺線索，能夠避免感官超載。

很多記者喜歡電話訪問更勝於面訪，包括《新鮮空氣》的泰莉．格羅斯。這樣比較不會因為對方的外表或習慣動作而產生偏見或分心。他們或許也不希望自己的肢體語言不經意影響他人，或是因為寫筆記或參考先前準備的筆記而打擾受訪者。羅馬天主教會的告解室設計也是相同的概念。隔板將神父和告解者分開，只有話語在雙方之間傳送，除了能減輕雙方的彆扭，也讓對話更開放坦誠。

然而，拿掉視覺線索的傾聽，必須在得失之間取得平衡。因為非語言訊號往往占訊息的情感成分五五％以上，如果把它抽掉，自然會漏掉許多資訊。但是當非語言訊號會干擾訊息的表達或影響訊息詮釋的準確度時，就得考慮將它移除。

如果你必須跟遠方的親友對話，電話比起簡訊或電子信是更好的選擇，因為人的感受和態度有多達三八％是經由語氣傳達。這表示在許多對話中，你接收到的意義只有七％來自話語，話語也可以用打字傳達。[44]還記得「當然」兩個字可能表達一個人是樂於、猶豫或不願意幫忙。如果是電腦字，「當然」在螢幕上看起來都一樣。

通電話時要能接收到聲調變化，自然需要良好的通訊品質，但這一點卻愈來愈難達到。格羅斯畢竟是在整合服務數位網路（ＩＳＤＮ）上訪問來賓，有高規格的音響設備。但是對講手機的人來說，聲音不清楚、延宕或中斷，都讓人更難接收到有助於理解的細微語調差異。

電機工程師及加州大學聖塔芭芭拉分校的知名教授傑瑞．吉布森（Jerry Gibson）告訴我，我們之所以很難在手機上好好講完一段對話，是因為電話對電信商來說是較不重要的一項業務。顧客需求較高的是影片和資訊傳輸，所以無線網路供應商分給語音通話的頻寬或位元速率就比較少。結果是通話品質差，但服務較少中斷。

「他們背後的計算是，連線中斷比連線品質差更讓人沮喪。」吉布森說。他是行動通訊科技的專家，寫過多本諸如《溝通理論及訊息失真理論》（*Information Theory and Rate Distortion Theory fo Communications and Compression*）這類主題的著作。換句話說，你不喜歡講電話其實有其科技層面的理由。[45]「頻寬不夠，聲音細小，斷斷續續，聽不清楚。」吉布森說：「難怪大家寧可傳簡訊。」

用來傳送手機通話的數位科技雖然複雜，但人類接收、處理語言，並從中獲得意義的過程還是複雜很多，科學也尚未完全解開其中的奧祕。但我們知道傾聽這件事既精密複雜又包含各種感覺。還有，聽覺機制（耳朵內部的結構）很脆弱，應該小心保護。最後也最令人安慰的是，傾聽的能力（取決於理解的精準程度）只要藉由提高動機並多加練習，就可以改善。

14 當注意力超出預算時——分心上癮

曾經有段時間，人無聊或煩躁時就會抽菸。想事情、喝咖啡、等朋友、開車、交際應酬，或親熱之後想放鬆一下，就會點根菸來抽。如今，同樣的狀況下，人只會反射性伸手去拿手機。就像癮君子緊張地摸口袋找菸，現代人對手機也神經兮兮。確實，心理健康專家說，從行為、心理和神經生物學來看，依賴手機跟濫用藥物的特徵很像。[1]

智慧型手機除了不能讓我們好好說話（「聽得到嗎？」「那現在呢？」），其他好像什麼都有，像是社群媒體、遊戲、新聞、地圖、食譜、影片、音樂、電影、播客、購物，還有色情，如果你有興趣的話。然而，這些帶給人的心靈滿足或促進身心健康的成效，都比不上與真人互動。我們卻像上了癮似地不斷滑手機，彷彿在玩吃角子老虎機，拚命拉桿子，希望贏得頭彩。

因為害怕錯過而不斷查看手機的強迫行為，讓人無法專心很久，也使傾聽（或任何需要思考的工作）變得困難。當你滿腦子想著虛擬世界發生的事，就很難專注於真實世界發生的事。專家也擔憂我們甚至失去了做白日夢的能力，因為幻想也需要某種程度的專注。[2]科學、藝術和文學上的很多突破創新，[3]都是從白日夢而來。[4]愛因斯坦、貝爾、達爾文、尼采、艾略特、路易斯．卡洛爾，都將自己的才能歸功於長時間不間斷的思索。你能放下手機一個小時嗎？半小時？五分鐘？

微軟所做的實驗發現，從二〇〇〇年開始，一般人的平均注意力從十二秒減到八秒。[5]相較之下，根據某篇報導，金魚的注意力還可以持續九秒。儘管後來記者、心理學家和神經科學家還特別爭論過（人類或金魚的）注意力要如何測量，[6]以及究竟我們的注意力真的每下愈況，還是只是比較分散，但廣告商和媒體都必須面對愈來愈難抓住觀眾注意力的事實。[7]

因此，《紐約時報》線上版的每日新聞簡報才會附上即時影像和動畫，取代以前介紹頭條的一整段引文（十年前的標準格式）。網路分析專家說，大多數的網路使用者只會給文章約十五秒的時間就決定去留。[8]若網頁加載時間超過三秒，使用者就會失去耐心離開。英國某廣告買主所做的研究發現，平均來說，人在家每小時會轉換電子裝置

（手機、平板或筆電）二十一次，同時間背景一直開著電視。[9]所以如果你到現在還在讀這本書，我會欣喜若狂。

芝加哥第二城喜劇團的表演從十五分鐘減到五分鐘。導演強烈意識到觀眾的注意力持久度降低。他們告訴我，現在劇團不但要讓情節發展快速，燈光也要更活潑（移動、閃爍、旋轉）。不會有人想要慢慢鋪陳一個笑話，最後再博得滿堂彩。導演和演員都表示，演員還沒說到最精彩的地方，觀眾就開始看手機了。

網站、手機應用程式、電玩和社群媒體平台的設計，都是為了抓住和留住你的注意力。[10]臉書、Google和Epic Games（推出熱門的第三人稱線上射擊遊戲《要塞英雄》〔Fortnite〕）都結合電腦科技、神經學和心理學理論，研發出吸引你上鉤的策略，多半藉由玩弄你的社交焦慮、虛榮心和貪婪來達成。這麼做是因為，你在手機上滑動點擊就是他們賺錢的方式。無論你喜不喜歡，我們都參與了注意力經濟（attention economy）；廣告商在媒體砸下鉅資，偷走我們的注意力，讓我們放下原本想專心做的事。注意力成了一項商品，透過複雜的電子交易買賣，在真實時間裡，根據我們的手機或網路瀏覽器提供的數據投標出價。[11]至於你的注意力品質好壞根本無所謂。確實，你的注意力愈分散，愈可能被說服，愈可能點下「立即購買」鍵。

人類的腦袋受不了這種疲勞轟炸。愛達荷州博伊西的一位家庭主婦告訴我：「以前你只知道周圍世界發生的事，現在是全世界，而且每分鐘都在更新。事件一直推送過來，不斷有緊急事件打斷你的注意力。美國總統川普做了什麼？亞洲的颱風造成多少人死亡？我覺得我被推過來又推過去。為了跟上你變得更忙，卻反而什麼事都沒做成。」

由於機器從上世紀以來就在強奪我們的注意力，人們醒著的時候花在互相傾聽的平均時間幾乎少了一半，從四二％降到二四％。[12]如今我們連花在聽錄音的時間都變少，因為速聽成了新的速讀。[13]不但用兩倍速聽有聲書，經常還同時做著其他事，例如運動或開車。Overcast這類應用程式可用兩倍或三倍速收聽播客，這種作法名為podfasting。有聲書的零售及製造商Audible有個「前往精彩部分」的選項，可讓讀者跳到精選書單中羅曼史小說的激情段落。

面對面聽人說話雖然有趣很多，卻需要一定程度的耐心，這對已經習慣加速或跳著聽手機上有聲內容的人來說可能很難。研究指出，常聽高速錄音內容的人，聽人用正常速度說話時較難維持注意力。[14]那就好比你下了高速公路，得減速經過學校周邊。此外，你也喪失了察覺、玩味對話中細微差異的能力，因為語調變化、細微的嘆息、外國腔，甚至菸酒造成的粗啞聲音，在兩倍速播放時都會消失不見。

談話的對象成了另一個來去切換的裝置。現代人常邊看手機邊說話，而非全神貫注地聽人說話，這樣只會讓雙方的對話更無趣乏味。艾塞克斯大學的心理學研究發現，光是把手機放在桌上都會讓同桌人彼此更疏離，更不想談重要或有意義的事，因為他們知道自己可能會被打斷，即便手機開靜音也一樣。[15]手機創造出一個奇怪的迴圈，讓其中的人只談不值得認真聽的話題，到頭來讓你更容易低頭看手機，不再聽對方說話。

不少觀察照顧者和兒童在公共場所（如遊樂場和速食店）如何互動的研究發現，絕大多數的照顧者只顧著看手機，把小孩丟在一邊。[16]小兒科專家說，這種作法有害兒童發展，因為父母的關愛是孩子發展的關鍵。前面提過，小時候得到認真的傾聽，長大就更懂得傾聽他人。這也意味著如今已經成年的「螢幕世代」，與人連結是更加困難。

⌘

但阻礙我們傾聽的不只是行動裝置和時時讓人分心的網路，還有我們自己創造的現代聽覺環境。比如說，現在的工作場所無論是新創小公司或大型企業，都是「開放辦公室」的標準設計，牆壁或隔間很少，電話鈴聲、鍵盤敲打聲、飯後打嗝聲此起彼落，源源不絕，連要靜靜思考都很難，更何況要專心聽可能想告訴你重要事情的人說話。

在餐廳要靜靜交談甚至更難。根據食品產業的研究和多家新聞媒體的調查報導，美國餐廳的音量平均落在八十分貝（一般對話平均約六十分貝），最熱門的餐廳則超過九十分貝，在甜點端上來之前就會損害聽力。[17]最近的 Zagat 餐食趨勢調查確實發現，餐廳最常見的客訴就是太吵。[18]也有證據證明，吵鬧的環境讓顧客飲食過量，也會選擇較不健康的食物。[19]

Abercrombie & Fitch、H&M 和 Zara 這類流行服飾店的噪音等級落在八十強到九十弱之間。同樣地，去咖啡館、雜貨店，甚至汽車展示中心都少不了背景音樂，即便音量低也讓人分心，難以完全理解對話的內容。在這種狀況下，消費者更難抗拒強迫推銷，更容易衝動消費。[20]根據經驗我可以猜到，當你跟車商議價時，如果展場正在播放生存者樂團的〈虎之眼〉，你一定比較吃虧。

一般人的住家也沒有比較安靜。在家幾乎一直開著電視，讓有線新聞、重播節目、一再循環的氣象報告，還有烹飪節目當作背景聲。大多數人現在也有音響設備，即使只是跟 iPhone 連接的輕便型小音箱。Apple Music、Pandora 和 Spotify 這類串流服務讓沒有大量音樂收藏的人，也能有源源不絕的情境音樂。這雖然很適合營造氣氛，卻會在你想專心聽親友說話時造成干擾。

你或許覺得自己可以對這類聲音充耳不聞，研究卻一再發現不可能。[21]一心多用只是錯覺。每個進入腦中的聲音都會打散你的注意力。心理學家丹尼爾·康納曼一語中的：「我們常說『花心思』是很貼切的。你用掉了可以分配給不同活動的有限注意力，要是超過預算你就破產了。」[22]

也就是說，如果你想認真聽，就必須打造適合的環境，不只實體空間要有助於傾聽，心境也是。你需要的是安靜、不受打擾的地方，背景不該有雜音，更不能有干擾人的行動裝置。很簡單明瞭是嗎？但我們有多常做到？

這並不是說，你只能在隱蔽或隔音的空間與人產生有效、有意義的互動。這也不可能做到。但你可以請人走進你的辦公室，把電腦設成休眠。你可以選擇一家安靜的餐廳，把手機調成靜音，放到視線之外。你也可以在公園長椅上坐下來、到安靜的街巷散步，或躲進門廊下，避開人行道上的人，好好跟人說句話。這些都表示你開放自己，樂於傾聽別人想說的話。無論對話是長是短，是公事或私事，是激烈或平靜，只要你製造一個安靜的片刻，或在鬧烘烘的環境中打造一個相對安靜的片刻，就有更多機會跟人產生連結，深入瞭解他們的故事。

二〇一〇年，一群哈佛研究員合作了一個名為「家庭晚餐方案」的實驗計畫，目的是鼓勵家人一起用餐時不帶3C、專心傾聽。當初會有這個構想，是因為十五年來有不少研究證明，家人一起吃飯聊天可以降低濫用藥物、未成年懷孕和憂鬱的機率，同時又能增進小孩的字彙、平均成績、韌性和自尊。[23]

一開始，這個計畫只有麻州劍橋境內和周邊的十五個家庭參加，後來逐漸擴及全美各地，提供資訊、舉辦工作坊，並教人如何找家人一起用餐、不受打擾地交談。「我知道你在想：『天啊，我們已經到了需要這種工作坊的地步嗎？』」早年負責主持該計畫的約翰·沙勞夫（John Sarrouf）*說：「沒錯，已經到了這種地步。」

家庭晚餐方案建議的開場話題有：「你收過最棒的禮物是什麼？」以及「如果你可以回到一百或兩百年前，而且只能帶走三樣東西，你會帶走什麼？」類似前面說過的「讓人墜入愛河的三十六個問題」，這些話題有趣但不帶評價，不是想打探別人的成就，而是想瞭解對方是什麼樣的人。由此可知，一起吃飯不是目的本身，這一點，吃過神經緊繃的家庭聚餐的人都很清楚。利用一起吃飯的機會，真心且好奇地發問並認真傾聽，

* 沙勞夫目前是第七章提過的機構「關鍵伙伴」的共同執行董事。該團體幫助社群和組織成員提升傾聽能力，超越「我們vs.他們」的心態。

就可能改善彼此的關係，促進身心健康。

根據人文學者羅納．夏普（Ronald Sharp）的看法，全神貫注在家庭聚餐或任何聚會上，都是一種好客的表現。夏普跟尤多拉．韋爾蒂合編了《諾頓友誼文選》（*The Norton Book of Friendship*），選錄各家文章談友誼的重要與意義，而傾聽都在其中扮演要角。[24]「那就是歡迎他人的話語和感受進入你的意識。」他告訴我：「允許對方跨進門檻，在你的世界裡住下來。」

韋爾蒂是延伸那份好客的傳奇人物。夏普說她是他見過最認真聽人說話的人。這不只是她的學養和幽默的根基（在她的寫作中清楚可見），也奠定了她與人深交的基礎。「很多人都覺得她是他們最神奇的一個朋友。」夏普說，他也跟韋爾蒂的好友有同感，記得她總會為他騰出時間，對他要說的話表達由衷的興趣。「她從不會趕你或想幫你說出你的想法。」夏普說：「她邀請你說出你的故事，更重要的是，她真的讓你說。」

那樣的邀請可能影響力深遠。達拉斯的警察局長大衛．布朗（David Brown）就是一個例子。二〇一六年，在一場抗議警察濫殺黑人的示威活動中，有五名當地警察遭槍殺。布朗本身也是黑人，他鼓勵人們坐下來傾聽彼此，而不是在街上和網路上表達抗議，因而廣受讚揚，獲得全國矚目。布朗最知名的舉動是邀情抗議人士加入警隊，帶來有意義的轉變。[25]他召開全國電視記者會之後，應徵達拉斯警察局的人數暴增。

後來布朗受訪時說，他請民眾做的事，跟十一歲那年某白人同學邀他回家吃晚飯的舉動並無兩樣。接近同學家時，布朗說他覺得自己就像電影《誰來晚餐》（*Guess Who's Coming to Dinner*）裡的薛尼．鮑迪，擔心朋友的父母發現他是黑人就不想邀他。結果他們很歡迎他，還請他吃肉餡餅，對他說的話充滿興趣。「為什麼六年級的小朋友比我們還聰明？為什麼我們沒想到這個方法？」布朗說：[26]「不需要很多人，也不用大呼小叫，只要說：『讓我們坐下來聽對方說話，請人到家裡吃晚飯。』」

只是布朗局長當年跟兒時朋友一起用晚餐時，桌上並沒有擺手機，沒有人會邊吃邊滑新聞，或拍下肉餡餅的照片貼上ＩＧ。羅納．夏普去找尤多拉．韋爾蒂時，她不會開著電視，把電視新聞當作背景音，或在腿上放著一台打開的筆電。換句話說，當時沒有那麼多東西讓人分心，大家從頭到尾都把焦點和關注點放在客人身上。簡單的禮儀卻讓這兩個人一輩子難忘，即使過了數十年，想起當年傾聽他們說話的人，仍然充滿懷念和感激。

15 沉默值兩個銅板——無聲的力量

聖誕節前的購物季期間，我坐在德州休士頓的蓋樂利家具行（Gallery Furniture）一張光滑無比的餐桌前。跟我同桌的還有蓋樂利家具行的頂尖銷售員格雷．霍夫（Greg Hopf），他正說到某大商場的某商品每年銷售量超過兩億美金。旁邊是霍頓太太，今年七十六歲，一臉遲疑地坐在椅子邊緣，高齡八十三的霍頓先生站在她後面，踩著Roper皮靴前後晃來晃去。他們正在考慮買一張放在廚房角落的早餐桌，同時也想買之前霍夫帶他們看過的客房五斗櫃。

夫婦倆顯然猶豫不決，大概有五到十分鐘不發一語。沉默漸漸變得壓迫，我開始坐立難安。我在那裡只是想從旁觀察，但還是得極力克制才不會雞婆插嘴或提出建議，催促他們做出決定。一天賣出愈多家具，霍夫就能抽取愈多佣金。因為是假期，前門湧入成群的顧客，我知道他錯過了其他可能的買家。

但霍夫的表情跟風平浪靜的湖面一樣平和，看著老夫婦的眼神流露出真誠的關心，一雙水汪汪的眼睛被大眼鏡放大，顯得更加溫柔。稍早，霍頓太太告訴我們她六年前摔斷腿，至今仍未全好，還有霍頓先生提到韓戰時他在韓國徒步巡邏的往事，他也是同樣的表情。「泥巴到這裡。」他說，指著大腿中間。「然後是雨水，接著把你凍僵。」

正當尷尬的沉默快把我搞瘋，我肯定這對夫妻一樣東西都不會買的時候，霍頓太太尖聲說，她要買那張桌子和搭配的椅子，還有那張五斗櫃，電視櫃也一起帶。我跌破了眼鏡。賣了三十年家具的霍夫可沒有。「我已經學會保持安靜。」我們把夫婦帶去結帳之後，他對我說：「我跟你保證，如果我們坐在那裡的時候我說了什麼，他們只會買五斗櫃，或什麼都不會買。」

蓋樂利家具行洋溢著狂歡節的氣氛，有關在籠子裡的鸚鵡和猴子、免費的蛋糕糖果，地上還鋪了一大片看似床墊的東西讓小孩在上面蹦跳。霍夫站在裡頭有點格格不入。這家店的老闆名叫吉姆．麥金維爾（Jim McIngvale），當地人都稱他為「床墊麥克」，因為他在電視廣告裡抓著大把現金在床墊上跳上跳下，一邊大喊：「蓋樂利家具幫你省荷包！」

霍夫比較沉穩，故意把顧客帶往相對安靜的角落，讓他們思考時可以講話（或不講話），或只是任由腦袋一團亂。他不會打斷、勸誘、哄騙、糾正他們或是插嘴。當客人岔題亂聊時，他只會在一旁傾聽，收集資訊。有個年紀較大的顧客說他沒有電腦，因為電腦毀了這世界，所以霍夫知道帶他看複雜的高畫質電視也無意義。有個忙碌的年輕媽媽抱怨帶四個學齡前小孩去外婆家時遇上大塞車，霍夫就把她帶往布料耐用、防塵又防髒的沙發。

「聽人說話感覺似乎花更多時間，其實反而更快、更輕鬆，犯的錯也更少。」霍夫說。我也發現，樂意聽人說話讓顧客放下防備，更加信任他。這個算盤挺合算，因為霍夫告訴我：「當你傾聽別人的故事，你就更想幫到他們。」

霍夫最厲害的一點，就是對沉默有超乎常人的忍受力，即使像莫頓夫婦這樣的顧客沉默不語，也泰然自若。這是種很少見的特質，尤其是在對話出現缺口就顯得超級彆扭的西方文化。我們稱之為「冷場」（dead air）。西方人認為對話有些遲疑或停頓很令人尷尬，應極力避免。只要說話的人有絲毫可能停頓的跡象，對方就隨時準備插話，即使那人還沒把想法說完。

研究員把英語對話中出現的五萬次停頓或過渡做成圖表，發現-1秒到+1秒之間形成一個明顯的鐘型曲線（負數表示人在對方停止說話前幾秒就開始說話）。[1]最高點落在零到兩百毫秒之間，也就是雙方對話完全沒停頓，就算停頓也只有一眨眼。荷蘭和德國的研究也得到類似的結果。[2]

相反地，日本人在對話中能忍受的停頓就比較長。[3]研究顯示，日本商人能容忍的沉默時間（八・二秒）將近美國商人（四・六秒）的兩倍。[4]日本人的醫病互動也比美國人包含更多沉默（三〇％對八％）。[5]在美國，我們說「嘎吱響的輪子先上油」，日本則是「沉默少言者最值得聆聽」。[6]

北歐國家也同樣安於沉默，特別是芬蘭。芬蘭人跟日本人一樣，比美國和許多西歐國家更重視傾聽、謙遜和隱私。[7]有個笑話說，兩個芬蘭人去上班，其中一個說：「我在這裡掉了刀子。」那天傍晚回家途中，另一個人問：「你說你的刀子掉了嗎？」在芬蘭，別人還在表達想法時太快插話既無禮又傲慢，更何況打斷人說話。沉默不僅無妨，也是基本禮貌。但研究者也指出，在較為安靜的文化中，一般人更害怕丟臉或受辱，因此較不願意開口說話。

無論如何，當我們談到不同文化對沉默的容忍度時，差異通常只在幾秒之間。世界各地的人都不喜歡所謂的對話中斷。若是沉默久到超過社會普遍能接受的常態，人多半會覺得不安，尤其當談話對象不是親近好友的時候。談話對象若是你比較熟悉和信任的人，你比較不會覺得有必要在對話慢下來時加快速度。研究顯示，能跟人坐著不說話也舒服自在，其實是關係穩固的一種跡象。[8]社會地位較高的人同樣比較不會因為對話冷場而緊張，原因想必是他們的地位較穩固。[9]

西方人通常會把超過半秒的沉默視為否定、懲罰或排斥，所以急著說些什麼，試圖扳回一城。[10]短短四秒的沉默，足以讓人改變或微調自己說出的見解，以為對方不說話就表示自己的意見不被接納。[11]曾任技術主管、後來成為作家和職涯教練的金・史考特（Kim Scott），曾寫過蘋果執行長提姆・庫克的沉默癖：「有個朋友提醒我，庫克習慣讓沉默延伸，要我別緊張或覺得有必要填滿沉默。儘管如此，第一次面試面對漫長的沉默，我還是緊張地說個不停，不小心就跟他說太多我之前犯的一個錯，儘管我根本不想說那麼多。」[12]

荷蘭的一項研究顯示，視訊時對話若有停頓或延宕，歸屬感和幸福感也會降低，即便已經告知受試者對話中斷可能是技術問題的緣故。[13]主持這場研究的社會心理學家南潔・庫登堡（Namkje Koudenburg）告訴我，講手機時收訊不穩，甚至簡訊沒有立刻得到回覆，人也會下意識感到不安或缺乏安全感。

有些時候，沉默當然表示不贊同。想想有人說了不得體或有顏色的笑話引起的一陣尷尬沉默。但「一起沉默」和「沉默以對」相差很大，就如「一起笑」跟「笑某個人」根本是兩回事。一般情況下，對話空白通常是因為對方在思考或喘口氣。人停下來是為了進一步思考要跟對方說什麼、說多少，或是需要一點時間整理情緒。作曲家馬勒曾說：「音樂最棒的部分不在音符裡。」[14]往往在音符之間，當一串聲響減弱、消逝之際。對話也是一樣。重要的是被話語隱藏、因為沉默而被揭露的事物。[15]

當個好聽眾就是能夠接納停頓和沉默，因為太快填滿沉默會妨礙說者表達努力要表達的想法，更何況是插話。那不但讓人無法暢所欲言，也阻礙真正的問題浮上檯面。只要耐心等待，給對方接下去說的機會。身為記者，我花了太長時間才發現，我不需要說個不停才能讓話題繼續。最有趣和最珍貴的對話，有時並非來自我的問題，而是由於我閉上了嘴巴。給對方時間和空間整理思緒，你從互動中得到的收穫反而更多。

基督教、猶太教、伊斯蘭教等世界各大宗教，還有從巴哈伊到禪宗都納入某種形式的冥想或靜思。信徒在靜默中試圖聆聽某種更高的秩序，或至少是最完美的自己。特拉普會（Trappist）的僧侶相信靜默能打開心靈，接收到聖靈的啟發。塔木德經裡有一條訓示：「一個字值一個銅板，沉默值兩個銅板。」

貴格會有一種名為「靜候禮拜」（waiting worship）的儀式，信徒聚在一起靜坐，隨時準備好接納神聖的啟示。但就連貴格會教徒都會對沉默感到不自在。印第安那州里奇蒙某位參加儀式的貴格會教徒告訴我，他們每個月有一個禮拜天會舉辦靜候禮拜，這天要找到座位並不難，因為「很多人都覺得那種安靜太難熬了，根本不會出席」。

因為對沉默感到不自在，也讓西方商人跟較少話的亞洲商人談生意時容易吃虧。美國商會亞洲區高級副會長查爾斯・弗里曼（Charles Freeman）說，西方人（尤其是美國人）受不了沉默，亞洲人卻泰然處之。他說他一再看到美國人跟外國人進行貿易談判時，因為話太多而讓自己處於不利的位置。

「美國人通常會開口說話填補沉默，好像沉默是件壞事，亞洲人就很不一樣。」弗里曼告訴我：「在談判過程中，亞洲人光是坐在那裡必恭必敬、觀察一切，實際上就能完成很多事。那是一種真正的優勢。」他還解釋，保持沉默，傾聽對方如何陳述問題，能夠更清楚對方的心情、妥協的意願，還有做什麼會讓他們起身離去。「協商談判時不專心傾聽，你就完蛋了。」他補充。

對加拿大作曲家和音樂教育家莫瑞・薛佛（R. Murray Schafer）來說，沉默代表「滿滿的可能性」。為了證明這點，有時他會要求學生保持沉默一整天。他的學生一開始不喜歡，因為思緒通常喜歡喋喋不休。有些人說傾聽自己感覺空空的。但是經過二十四小時，很多學生都表示自己不只更能察覺與欣賞外在的聲音，如灑水器的嘶嘶聲和燉湯的咕嚕咕嚕聲，還有說話時常遺漏的對話細微之處。

洛杉磯一位抱負遠大的歌手和音樂創作者告訴我，她因為聲帶手術有六週不能說話，期間也有過類似的經驗。當時她隨身攜帶一個白板，上面寫著：「嗨，我的聲音正在休養。」她說強制性的沉默讓她體會到自己不是很好的聽眾。「相對於真正的傾聽，你永遠磨刀霍霍，想著要如何證明自己的論點，證明自己說得對。」她說：「我開始比較瞭解別人，因為我失去了表達意見的選項，那也讓我更加包容，因為我可以好好聽別人說。」她跟薛佛一樣，鼓勵大家花一天的時間探索「滿滿的可能性」，也就是沉默。[16]「如果你可以忍耐二十四小時不說話，你就能學會成為更好的聽眾。」她說：「你會發現你說什麼不重要，別人說什麼才重要。」

如果一整天太令人卻步，試著在一場對話裡保持沉默，除非有人問你問題，不然一句話都別說，看看會怎麼樣。跟酒保學習，他們談話的對象甚至不會察覺他們沒說話。生意清淡的晚上，酒保可能聽客人說話好幾個小時都不用出聲。「你可以說是啤酒讓人的嘴巴變鬆。」紐奧良某位資深的酒吧老闆表示：「但我認為更可能是一般人很難得有人傾聽，便滔滔不絕說起他們不曾告訴父母或另一半的事。」

我訪問的酒保也說，人多的時候，顧客不像在對話，只是在說話，大家都不清楚對方或自己在說什麼。「人說話常是為了塞滿自己跟陌生人之間的空白。」北卡羅來納州阿什維爾的某酒保（原本是書籍裝訂商）說：「他們試圖用聲音填滿還未開始或還不夠深的關係之間的空隙。」她補充：「能坦然接受真實自我的人，就算沉默不語也自在。」

在崇尚自我推銷的文化中，我們忘了關係不能只靠嘴巴說的事實。喋喋不休填滿了沉默，卻在你跟他人中間築起一堵「字牆」。沉默才能讓別人走進你的世界。沉默既是慷慨的表現，也是一種絕對的優勢。安於沉默的人引人透露更多訊息，也不會因為彆扭而說得太多。忍住插話的衝動，讓你更有可能在對話結束後得到額外的洞察和更深刻的理解。如果你是蓋樂利家具行的格雷．霍夫，你還會拿下那個樓層的銷售冠軍。

16 為什麼八卦對人有益——傾聽的道德問題

對我來說，正面的八卦跟波本威士忌一樣香氣四溢。這兩種在我曾姑婆家的雞尾酒時間都會現身。這時大家會自動靠過去——不是喝酒，而是想聽八卦。曾姑婆家住德州的加爾維斯敦，享壽九十七歲，她生前我會跟她一起去墨西哥灣海釣，在她家院子裡摘香豌豆，開她那台靛藍色的奧斯莫比敞篷車去兜風，一起消磨好幾個鐘頭的時間。說是八卦，她一定會臉紅脖子粗，但我們在一起談論的不外是我們對人的愛恨情仇。

八卦往往帶有負面意涵，但其實具有正面的社交功能。這就是為什麼大人的對話有三分之二是八卦——至少兩個人一起談論某個不在場的人。[1]男人跟女人一樣八卦，[2]小孩從五歲起就很會八卦。[3]無人不八卦（雖然不像我曾姑婆那麼拿手），因為八卦能讓我們判斷誰值得信任或效法、事情有多嚴重、誰是敵是友。[4]因為如此，聽八卦有助於形成我們的倫理道德觀，成為社會的一分子。

從親友、同事、老師和宗教領袖那裡聽到的消息傳言，讓我們更加社會化。耶穌的寓言和佛陀說的故事，不都是記錄下來的八卦嗎？荷蘭的研究發現，聽正面的八卦讓人起而仿效，負面的八卦則讓人覺得自己沒那麼糟。[5]另一項研究顯示，八卦愈是讓你震驚或激動，你愈有可能從中學到教訓。[6]

如果你是八卦的主角，當然更可能改過自新。史丹福大學和加州大學柏克萊分校的研究發現，玩金融遊戲時，受試者一有機會就想八卦不老實的玩家，也因此讓這些人及時悔改，贏回其他人的尊重。[7]結論就是，一個組織若允許成員八卦，會比禁止八卦的組織更能互相合作，避免成員只顧自己。

即使八卦不一定是事實也一樣。澳洲和英國的社會心理學和經濟學者合作的研究發現，任何八卦無論真確與否，都會產生對「名聲」的需求。[8]他們讓受試者玩一個以信任為基礎、必須分配報酬的遊戲。當玩家可以自由批評或讚美隊員正直與否時，即便評論不正確，跟不允許八卦的隊伍相比，還是表現更好，行動更有效率。根據研究者的觀察，評論失準多半是因為想更嚴厲處罰表現不好的成員（人有時會誇大騙子的惡劣行徑）。另外，聽人說長論短時，無論內容是真是假，透露的不只是八卦對象的事，還有八卦的人本身，甚至更多。

難怪八卦會讓人反射性靠過去，壓低聲音竊竊私語，像在狼狽為奸。那是寶貴的一刻。我曾姑婆跟我說到特別敏感的事情時，幾乎要跟我額頭碰額頭，即使四下無人。八卦不若我們想像的瑣碎、膚淺或愚蠢，有多到讓人吃驚的證據指出，聽人八卦是一種智力活動，對適應環境不可或缺。八卦學者（比你想像的多）說，談論別人是觀察學習的延伸，讓你從認識甚或不認識的人成功或受苦的經驗中學習。[9]

第四章提過的英國人類學家及演化心理學家羅賓・鄧巴研究友誼的同時，也一併研究了八卦。他告訴我，儘管一般人覺得八卦多半懷有惡意，其實只有三到四％真的心懷惡意。[10]「八卦就是在籬笆上、門廊上或搖椅上消磨時間。」他說：「多半不是在討論你跟另一個人相處的問題，就是社群裡發生了什麼事，還有人際網絡裡的狀況——誰跟誰鬧翻了。」

社群動態變化迅速，也複雜得不可思議。人與人之間的每個決定和行為，都是某個時刻出現在兩個人之間的各種因素造成的結果。同樣的互動可能微不足道，也可能徹底失控，端賴幾個變數而定。鄧巴說，試著瞭解這件複雜的事極具挑戰性，所以「我們才那麼愛聽別人的事情跟比較許許多多的例子，試著理解遊戲規則，這樣才能處理得更好」。確實，大家來我曾姑婆的雞尾酒派對，就是為了收集這些消息。加爾維斯敦或許是一個安靜的濱海小鎮，但要跟上所有的趣事傳聞也不簡單。

根據鄧巴的說法，要瞭解八卦的來源，我們只需要觀察黑猩猩幫彼此梳毛的舉動就知道。[11]早期人類也像黑猩猩一樣，藉由互相梳毛形成社交圈。幫彼此抓癢和抓蝨子能促進友好關係，日後雙方就可能分享香蕉或互相保護。但人類愈來愈聰明，從事的活動日漸複雜，社群規模隨之擴大的同時，語言以及更具體的八卦，取代了梳毛，成為建立和維持關係的方法，雖然我們還是會拍拍或摸摸最親近的人。

鄧巴認為，八卦相較於梳毛更具優勢，因為它是「社群凝聚和社群學習更有效的機制」。梳毛多半是一對一的活動，要花不少時間（看對方的毛多亂或蝨子多多而定），面對面說話就比較快，而且最多可以包含四個人（一個說話，三個當聽眾）。[12]一旦超過四人，通常就會拆成更小的團體。你或許在大型派對上看過賓客自然而然形成二到四人的交談圈。

這或許說明了社群媒體為什麼這麼有吸引力。八卦在網路上流傳的速度，還有數量本身，都遠遠超過了面對面互動能引發和掌控的程度。所以人才會想要一直上去確認自己還在不在對話圈裡。但你當然永遠跟不上更新的速度。再加上敘述和詮釋如此之多，訊息本身的品質和價值也一落千丈。

⌘

社會學文獻常使用經濟術語來討論八卦，用供需法則的角度切入。[13]舉例來說，我的曾姑婆只告訴我一人且高度保密的事，比她在雞尾酒派對上隨意分享、誰都能再轉述給別人聽的事更有價值。你大概也猜得到，經濟學家認為網路上的八卦相較之下價值不高。訊息的價值跟可得性及瑣碎度成反比。

芝加哥大學的社會學家彼得・麥克・布勞（Peter Michael Blau）一九六〇年代率先提出社會交換論（social exchange theory），[14]將經濟學應用於社會互動，包括我們跟彼此揭露的資訊。布勞是焦點團體之父羅伯・莫頓的學生。他認為聽人說故事，基本上是一種需要爭取的特權。最初從次要的交換開始，交換的訊息較不那麼敏感，因此就算洩漏出去也沒什麼大不了。但是當雙方用專注、敏感和謹慎證明自己值得信賴之後，關係就會加深，進而從事更重要的交換（比如透露更祕密的訊息）。

這麼說來，傾聽不只是幫助我們學習成為社會上的正直成員，本身也是一種美德，讓我們成為值得接收更珍貴資訊的人。法國哲學家伊曼紐爾・列維納斯（Emmanuel

Levinas）認為，人際互動是個人倫理的基礎，而人際互動中產生的傾聽、理解與同理心，賦予生命意義和方向。列維納斯是猶太人，二次大戰期間成為戰俘，他強調經驗「他者」的重要性。[15]這裡他指的是與人面對面交往，瞭解不同人的故事有多麼不同，但從底層的情感層面來看又是如此相似。傾聽「他者」提醒我們人類共通的脆弱和不堪一擊，同時把不可傷害他人的道德責任加諸在我們身上。

正直和人格並非與生俱來，而是透過每天所做的選擇日漸培育而成，有很大一部分也包括你選擇聽誰說話、聽得多認真。斟酌自己的話語和行動會如何影響他人，才能產生合乎倫理的行為，這種敏感度必定要透過傾聽才能達成。從全然務實和演化的脈絡下來看，人類藉由合作覓食和獵捕大型動物，才得以存活下來。遠古的人類若不互相傾聽合作，就只有死路一條。行為準則和禮儀規範便是從這些早期的共同活動中孕育而出，日後漸漸形成我們的道德觀。[16]

法國當代知識分子巴斯卡・卜律克內（Pascal Bruckner）在《無罪的誘惑》（*The Temptation of Innocence*）一書中主張，現代人崇尚的個人主義可能反而讓我們倒退。據他觀察，當人的責任都以自我為優先時，就會缺少社會責任感，「只跟著自身理解力的提燈走，個體喪失了對立足點、秩序和定義的確信。或許獲得了自由，卻失去了安全感。」[17]在這樣自尊自大的社會裡，我們相信個人要為自己的幸福、進步和成敗負責。「每個人都要把自己這個人推銷出去，讓他人接受。」卜律克內寫道。但不斷自我推銷和打造形象也要付出代價。我們跟他人的接觸愈來愈少，最後喪失了歸屬感和跟人的連結，儘管那才是我們一開始真正想要的東西。

現代人說得多、聽得少，但是理解並回應他人的故事、想法和煩惱，決定了我們的成敗，從獵捕長毛猛獁象到人類登陸月球都是。無法彼此傾聽，有礙於達成更多目標，也可以視為一種道德缺陷，不只妨礙個人發展，也會影響社會的整體繁榮。

此外，當人總是急著推銷自己，很容易言過其實，這樣不僅會降低對話的水準，也會助長憤世嫉俗的心態。有人問物理學家及宇宙學家史蒂芬・霍金智商有多高，他回答：「我不知道。吹噓自己智商有多高的人是失敗者。」[18]這些話出自很多人心目中的絕世天才。我的曾姑婆也發現，最愛吹牛的人通常最沒料。當你想要推銷自己，而不是發掘自己面前的人的特出之處，這是值得牢記在心的一件事。

人後悔的多半是沒聽而不是聽太多，是說太多而不是沒說。可見坦露自己的想法並不像大家說的那麼好。或許你急著想說出自己的感受，但這麼做並非每次都有益，反而是把自我看得比他人的脆弱更加重要。這不表示你必須言不由衷或隱藏自我，而是你必須仔細傾聽，才知道對方何時準備好聽你要說的話。不是所有的感受都需要說出口。事實上，有時候等情緒冷卻下來反而更好。

為了這本書，我訪問了很多人，悔不當初的心情在訪談中一再出現。很多人都深深後悔沒在生命中的重要時刻打開耳朵傾聽。不是分心，就是急著「說出他們認為的事實」，忘了考慮可能的後果。受訪者提到了逝去的親友、破碎的關係、失去的工作，或是但願能回到過去的一場爭執，多問、多聽一點。

心理學家艾咪・桑默菲爾（Amy Summerville）是俄亥俄州牛津的邁阿密大學後悔實驗室（Regret Lab）的主持人。根據她的研究，跟關係相關的社會性悔恨通常比非社會性悔恨更為強烈，比方上哪個學校或做什麼投資。[19]另外，研究顯示，你最後悔的事是你原本有別的作法、卻無法重新來過的事。[20]不聽對方說話，常常讓人悔不當初，因為一旦機會溜走，那個當下就過去了，等你發現自己失去什麼已經太遲。

「不聽對方說話，就是時間久了很容易後悔的那種事。」桑默菲爾博士告訴我：「傾聽對關係不可或缺，我們很容易發現那完全在我們的掌控之中。」她說後悔是第二普遍的情緒狀態，僅次於愛，兩者難分難捨，因為最強烈的悔不當初源自忽略我們所愛的人。[21]關係最常因為疏忽而失敗，而疏忽的一大類型就是缺乏傾聽。無論被視為演化上的存活策略、基本的美德，還是我們對心愛的人該做的事，人類都是藉由傾聽才能團結在一起。

這就要再提最後一件我曾姑婆的往事。有天吃早餐時，我們倆擠在她那張桃花心木桌的一角。那時是春天，紫藤的香氣從打開的窗戶飄送進來。我們正在聊某個喜歡後悔東、後悔西的人。我問當時九十幾歲的曾姑婆有沒有什麼後悔的事，她回答：「那有什麼好處呢？」

17　什麼時候該停止傾聽

幾年前，我幫《紐約時報》寫了一篇關於假笑的報導。[1] 因為好奇人為什麼常在不好笑的時候笑出來，我打電話給在大學研究相關問題的某位心理學家。一開始，他講了幾個笑話。對一個靠研究「笑」賺錢養家的人來說，這樣的開場並不令人意外，但那些笑話實在很難笑。因為不想失禮，我勉強哈哈笑了幾聲。也就是假笑。

那位教授接著開始長篇大論，說明人類的笑聲如何從猩猩的喘息聲演變而來。「我想這回答了你的問題。」最後他說：「呃……也不全然。」我回答，再次說明我的報導主題是假笑，特別是人不自在時為什麼會笑。他糾正我的說法，堅稱人無法假笑。「你剛剛就笑了，是真笑，而那是件正面的事，OK？」他說，毫不懷疑我之前的哈哈哈是真心的笑。他接著說：「最會惹人發笑的是男人。這並非娛樂產業的性別歧視，純粹是女人比男人不會搞笑。班上的開心果都是男生，世界各地都一樣。男性最擅長搞笑，無論是喜劇演員，還是在下一場雞尾酒派對上。OK？」

眼看截稿在即，我的問題仍未得到解答，我謝謝他撥冗與我通話，但這通電話沒什麼幫助。他完美證明了我對假笑的論點，但該是打住對話，停止聽他說下去的時候了。問過四位心理學家、三位神經學家，以及後來的一位幽默專家，我對於人為什麼有真笑和假笑，以及如何辨別兩者的差異（提示：假笑帶有**啊哈哈**、**嘿嘿**或**嘻嘻**之類的說話聲），有了新的洞察。另外，我也理解了幽默應該不分性別，但女性比較會假笑，如同我之前的巧妙示範。

但這裡的重點是，有時你必須毅然決然停止傾聽。雖然每個人都有值得學習之處，但不表示你必須聽每個人說到不能說為止，顯然你也做不到。誠如喬治・艾略特（George Eliot）在《米德鎮的春天》（*Middlemarch*）中所說：「如果我們清楚看見並感受到日常生活中的所有一切，那就好像聽得到青草生長、松鼠心跳的聲音，寂靜對岸的轟鬧聲會把我們吵死。」[2]再說，一天的時間畢竟有限，所以我們才會有意或無意地選擇把時間和注意力放在哪些人身上。

根據英國語言哲學家及理論家保羅・格萊斯（Herbert Paul Grice）的看法，人會不自覺對對話抱有某些期待，一旦期待落空（如那位研究笑卻很不好笑的專家），我們就不想繼續聽下去。[3]原因在於，溝通基本上是一種合作過程，如果我們察覺對方沒有遵守協議內容，就會覺得受騙，想退出協議。格萊斯列出對話期待的四個原則：

1. 質的原則——期待聽到真話。
2. 量的原則——期待得到新資訊，但又不會多到超過負荷。
3. 關係原則——期待對話切題，符合邏輯。
4. 禮貌原則——期待對方說的話長短適中、清楚、有條理。

有些學者主張應該把禮貌及公平輪流說話也納入，[4]但一般都認為格萊斯的四原則最符合現代社會大多數人的期待，即使我們並無意識到。這說明了為什麼跟失智症或精神疾病患者說話那麼困難。由於脫離了現實和社會規範，他們可能滔滔不絕說出天馬行空、雜亂無章、模糊曖昧或毫不相干的話。這也是為什麼請求技術支援會把人惹怒。[5]照本宣科的回應通常跟你的意見毫不相干，給的訊息不是太少就是太多，而且往往是錯的——「您的裝置與我們的不同。」

格萊斯的對話四原則隱含的社會契約適用於不同的文化，無論對話內容是友好或敵對都一樣。我們可能很氣對方，卻還是遵循這四個原則而產生有意義的辯論。儘管格萊斯的四原則具有普遍性，但也普遍受到或多或少的質疑。這或許是因為人對於什麼話才誠實、切題、合乎邏輯、長短適中、清楚或有條理，各有不同的看法。儘管如此，我們心中還是期待對方符合這些原則。若是發現對話滿口胡說八道、前言不搭後語，或巨細靡遺說著我們根本不在乎的事，我們通常會煩不勝煩，放棄傾聽。

聽來或許奇怪，但違反格萊斯四原則的人多半不是不善說話，而是不善傾聽。最佳的溝通者，無論對象是一群人或一個人，都是過去認真聽人說話、當下也同樣認真傾聽的人。他們之所以能夠投入對話、取悅或啟發他人，是因為事先瞭解聽眾之後，根據聽眾所需挑選適合的題材和表達風格。

此外，即使說話時，他們也會同時留心聽眾的反應，注意語言和非語言的線索，以及空間裡的能量，從而判斷聽眾是否跟上、對話題是否感興趣。就像你跟祖母和女友說話要用不同的敘述方法，跟同事／顧客、開放的朋友／保守的朋友說話也要有所區隔。

說的話、怎麼說，取決於你對聽眾的瞭解——至少理想狀況下應該如此。縱使有強大的信念和價值觀，如果不考慮面前的聽眾是誰，就無法清楚有力地表達自己，說服他人。每個人的興趣、敏感程度和理解程度都不同，若不試著察覺並尊重這些差異，必定會使人厭煩或發怒，不然就是讓人產生防備。

不只是對方說話時應該傾聽，自己說話時**也該**打開耳朵聽。別人對你小孩的雙簧管獨奏會真的有興趣嗎？當你開始談論政治時，對方臉色有異嗎？當你說「長話短說……」時，對方是不是鬆了口氣？如果你不擅長邊說話、邊觀察別人的反應，那就直接問，親口確認：「你走神了嗎？」「我越線了嗎？」「你認為呢？」「你還跟得上嗎？」「坐不住了嗎？」「覺得無聊嗎？」「有道理嗎？」「太多了嗎？」

在最理想的狀況下，對話是持續的傾聽反饋迴路，塑造人說的話和說的方式。愛默生曾道：「是好讀者造就了好書。」[6]同理，「是好聽眾造就了好的對話。」當對話雙方都專心投入時，彷彿在跳精彩的雙人舞，無論誰在說話，兩人都專注地傾聽彼此。不只雙方的腦波一致（如烏里・哈森及其同事的發現），研究顯示你們的身體和聲調也會不謀而合，呼應彼此的說話風格、姿勢、眼神和動作。[7]

跟不善傾聽的人（聽不懂你說的話，或是不在意你聽到什麼話會有何種感受）說話，就像跟一個節奏跟你不合或毫無節奏的人跳舞，從頭到尾都很彆扭，而且小心你的腳趾！對方要說的事或許很重要，但你要花更多心力和自制力才能挖掘出來。

也有可能對方就是個混蛋，儘管這種狀況很少。自我中心的對話方式，更常源自內心深處的不安全感、焦慮或盲點。有時候只要傾聽他們說話，他們也會開始傾聽，不只傾聽談話的對象，還有他們自己。如此一來，對話就會變得更協調、更切題、更有問有答。傾聽的力量在於，你可以決定自己想投入多少心力、什麼時候又該喊停。

有過失敗的約會經驗的人都知道，跟無論如何就是合不來的人在一起有多辛苦。如果你忘了那種感覺，看幾集《二次約會行不行》（*Second Date Update*）就知道了。這個節目每天早上通勤時間在流行和鄉村音樂電台播放，休士頓、西雅圖、芝加哥和波士頓這些大城市都收聽得到。節目流程大致如下：某男或某女在一次開心的約會之後打電話進來電台，想不通約會對象為什麼不回他們簡訊或電話，再約第二次見面。接著，主持人會打電話給當事人，問他們出了什麼問題。同時間，期望第二次約會的苦主和無數通勤者都在一旁偷聽。這個節目時而有趣、時而可怕，既像悲劇又像喜劇，因為人是如此渴望與人產生連結，卻又完全不懂得傾聽自己渴望的對象。

例如約拿，當他在第一次約會把「小土匪」（他親手餵食的野生浣熊，還在後院幫牠造了遊樂場，可以看牠在裡頭玩）介紹給瑪麗時，並未發現瑪麗一臉不自在。還有漢娜，她沒注意到當她開始交際時（奈特邀她去參加兒童慈善活動，她卻遞出名片到處找人攀談），奈特臉上的不悅。身邊帶著會傳染狂犬病的動物或不厭其煩地自我推銷是否對關係有害，還有待討論。但對約會對象說的話和產生的反應無動於衷，絕對有害關係。

這就是《二次約會行不行》如此令人難堪的原因。打電話進來的人，跟約會對象在一起時不聽對方說話，當然不會有第二次約會。他們不肯死心，所以請主持人替他們出面。但在一旁聽對方解釋自己的感受時，他們還是沒能好好聽，經常打斷對方，一口咬定對方全弄錯了。「我們可以很快接受自己可能錯了，」波蘭裔社會心理學家羅伯．札瓊克（Robert Zajonc）寫道：「但我們對自己的喜好從來不會弄錯。」[8]與其努力說服他人改變想法，不如傾聽他人的感受。你無法說服別人喜歡你，但真心傾聽是建立連結最可靠的方式。

⌘

能找到一個跟你談得來又有默契的伴侶或朋友當然很好，但切勿期待你們兩人能夠一直如此契合無間。用心傾聽很耗費精神，無論你的個性、才能或動機如何都一樣。持續不斷的傾聽是不可能的。航管人員一次輪一個半到兩小時的班就要休息，新進人員輪的時間更短，因為還沒累積足夠的耐力。航管員不只要認真聆聽飛行員的指示並複誦，還得留心飛行員的聲音有沒有一絲不安或不解，評估駕駛艙內是否出現危險狀況。

「專心聽太久，腦袋會變得疲憊昏沉。」達拉斯－沃斯堡國際機場的一位航管員告訴我：「你得小心這種狀況，因為有些人比其他人更快出現這種問題。」他說，輪完班後他常覺得傾聽力已經耗盡。「有時候我回到家，最不想做的事就是跟家人互動。」他說：「大家在老爸周圍都如履薄冰，但我就是沒辦法再聽人說話。」

焦點團體的主持人娜歐蜜．韓德森告訴我，當好聽眾的一個缺點是，大家老是打電話找她訴苦。據說她會拿著手機走到門口按門鈴，這樣她就能說：「喔喔，有人按門鈴，我得走了。」不然的話，她會說：「你就像一碗巧克力慕斯，每個人手上都抓著一根湯匙。」有人傾聽你說話時，感覺就像有人愛你，有些人說不定分不出箇中差異。好聽眾會知道界限在哪裡並設下邊界。

因為不同意對方、沉浸在自己的思緒裡，或自以為知道對方要說什麼而不認真聽，會變成壞聽眾。但若是因為當下在智識上、情感上沒有能力傾聽，只證明你是個凡人。這時候先退出對話、待會再回去，可能是最好的作法。如果你要聽不聽，或是像瀏覽一本書一樣隨便聽聽，對方也會發現。連小孩都看得出來你沒專心聽他們說話。例如，我朋友的小孩一再把父母的手機丟進馬桶——不是別的，就只有手機。他很清楚是什麼東西讓爸媽不好好聽他說話。

也有時候你不得不承認，無論你怎麼努力，跟某人就是不合拍。或許是你靜不下心好好聽；或許是對方有所保留，拒人千里；或許對方就是充滿毒素。有些人你只要聽他們說話，就會覺得沮喪、難受或被貶損。你很難專心聽一個惡言惡語的人說話。波特蘭的奧勒岡健康與科學大學的精神病學教授凱薩琳．策爾貝（Kathryn Zerbe），跟我訪問過的幾位精神治療師意見一致。她說：「在我們這一行裡，有些患者無法治療。但人生中也一樣，有些故事你就是無法聽，每個人都必須知道這一點。那是人類經驗的極限，沒關係的。」

問題是我們通常太快放棄。很少、甚至沒有人天生就能言善道，通常需要時間累積對他人的信任，還有對自己的信任，才能暢所欲言。當你聽老闆、同事、朋友、心愛的人或陌生人說話時，對方都要一段時間才能直抒己見。他們或許會繞圈圈或嘻皮笑臉，可能說太多或說太少，甚至說了不想說的話。好聽眾會慢慢幫助對方說出想說的話，這麼一來才能更理解、更親近對方。聽者透過或藉由持續的專注傾聽，贏得對方的信任。再說，你不會想要有人耐心陪伴你想通或摸索出自己想說或要說的話嗎？

有時候，一次對話還不足以理解對方。訪問結束，我會以為該問的都問了，但想了一陣又回頭多問幾個問題，甚至問同樣的問題，或許換個問法好澄清心中的疑問。即使說者已經不在面前，當你回想對方說過的話，想通更多事，傾聽依舊可以延續下去。這不是要人鑽牛角尖或雞蛋裡挑骨頭，精神病學家策爾貝認為鑽牛角尖通常是缺乏安全感在作祟，而非發自內心的省思。當你反覆想著你對某人說的某些話的感受，而不去思考是何種感受促使對方這麼說，你就知道自己犯了這樣的錯。

作家安東尼．杜爾以《呼喚奇蹟的光》（*All the Light We Cannot See*）一書奪得普立茲獎。對他來說，新聞工作是一種反思式傾聽（reflective listening）。今年四十七歲的他，從十六歲起開始寫日記。「那其實是一種訓練自己看和聽的方法。」他告訴我：「你慢下來翻譯一個浩瀚又混亂的世界，幾乎像在禱告。」好的新聞寫作也具有同樣的特質，例如《紐約客》的「人物側寫專欄」就是作家對訪談內容的反思，不只列出訪談對象說的話，也點出他們沒說的話，還有他們的習慣癖好和神態舉止。吉里安．陶德在哈佛法學院的談判課上告訴學生，要像準備寫一篇報導一樣聆聽談判對象說話，或許不是太令人意外。

我自己長久以來都有收集名言佳句的習慣。有意無意中聽到有趣、好笑或發人省思的話，就會趕緊記下來。我有很多筆記本和電腦檔案，記滿了親朋好友、同事、陌生人，當然還有訪談對象說過的警句妙語。一旦專心聽，你會很驚訝怎麼有那麼多事值得記錄。回頭再看這些筆記，就能找到有趣的主題，不但能從中認識自己，也能認識當初說話的人。

當你思索某人說的話時，那人的想法和感受等同住進了你的心裡。這就是「傾聽是一種好客的表現」的延伸。藉由傾聽，你邀請某人進入你的意識之中。你在乎的對話，就是存留在記憶中的對話。亞歷山大・內哈瑪斯（Alexander Nehamas）是普林斯頓大學的哲學教授，也是《論友誼》（*On Friendship*）一書的作者。[9]他曾經告訴我：「最棒的友誼，就是你能馬上重拾兩人上次未完的話題，因為對方的話一直留在你腦中。」確實，你能對一個人說出最讓人滿足的話就是，「我一直在想你說的話。」同樣地，朋友就是能把你當下所說跟過去所說連在一起，幫助你想通問題、釐清思緒，或者有時輕輕一點就讓你哈哈大笑的人。

但在這個視傾聽為負擔的時代，人被傾聽時反而覺得困窘、尷尬或心虛，更何況有人思考你所說的話。現代人或許會對數位黑洞，也就是網路掏心掏肺，卻無法對同一個房間裡全神貫注聽他們說話的人打開心房。「經過這麼長久又熟悉的冷漠之後，被理解、聽見和看見可能真的很難，也太遲了，甚至不再令人渴望。」愛米・布魯姆（Amy

Bloom）在《愛創造了我們》（*Love Invents Us*）這麼寫道。[10]

紐約的髮型師傑瑞・雅各（Jerry Jacobs）告訴我，他很多顧客都會為自己在店裡滔滔不絕而跟他道歉。「他們好像覺得自己做錯了事。」他說：「我要他們別在意。說話有益健康啊，我不排斥聽別人的心事。」去一趟他的美髮院，你很快就會知道，大家在那裡為什麼想把壓抑已久的心事一吐為快。首先，當有人站得離你很近又摸著你的頭的時候，你會感受到一股親密感。此外，雅各會問一些很私人的問題，比方「你喜歡你的外型嗎？」或「你想要什麼樣的造型？」

對著鏡子，他的客人好像在跟自己也在跟他對答。雅各說：「我有種感覺，他們很多都沒人聽他們說話，或是沒好好傾聽。」無論坐在椅子上的，是想嘗試藍綠色挑染的小姐，還是想遮住禿頭的中年男子，他們觸礁的感情、親子衝突、健康問題、社交焦慮或金錢的煩惱，都像地上的頭髮愈積愈多。

不去打斷或搶話，對方才能把話說完、把想法表達清楚。有時他們會說出連自己都沒想到、甚至不知道的話。場面可能很難堪，對方也不一定會感謝你。我訪問過的人，有些後來會對自己說的話感到難為情，甚至否認自己說過那些話，即使我錄了音也事先知會過。在社交場合上也一樣。人可能會因為說太多而感到抱歉，或者事後刻意疏遠或冷淡，後悔當初對你透露太多。心理治療師告訴我，假使患者在療程中透露特別敏感的資訊，取消下次預約或乾脆不來的人所在多有。策爾貝說：「他們覺得自己赤裸裸，所以可能消失很久。」

這就要提到替人保密的重要性。八卦是談論他人的行為並試圖加以瞭解；背叛他人的信任則是透露別人私下告訴你的事，兩者天差地別。根據溝通隱私管理理論，私人資訊就像金錢。[11] 對待他人的私人資訊馬虎隨便，就像未經同意就花別人的錢。自己的資訊你想透露多少都可以，就像你可以任意花用自己的錢。但如果你提領別人戶頭裡的錢，對方一定會氣得跳腳。即使你認為那些資訊早就廣為人知，或覺得那些根本不算敏感或令人尷尬的資訊。除非明確取得對方的同意，不然你無權透露那些資訊。最好當個可靠的密友，不然以後朋友想告訴你重要的事都會猶豫再三，甚至從此跟你斷絕聯絡。

有這麼多可能的危險和陷阱，要人傾聽似乎是一種過分的要求。有些時候，對有些人來說確實是。但傾聽更常讓人滿載而歸。聽別人如何渡過難關，有助於面對自己的問題，無論是採用別人的策略或採取相反的策略（因為你發現那些方法對他們沒用）。藉由傾聽，你會發現我們都在面對類似的問題——渴望被愛、尋找目標、害怕終點。你知道自己並不孤單。藉由傾聽，你認識也擁抱外在的世界，然後想辦法整理內在的世界。

跟人生大多數事情不同的是，要不要傾聽，完全由你自己掌控。你可以決定誰值得你認真傾聽。傾聽是你賜給別人的禮物，沒人可以強迫你傾聽。

你應該謹慎思考過後才送出這份禮物，但收回這份禮物時，同樣不能大意。停止傾聽在某些情況下，情有可原也出於實際考量，但不可否認的是，那也是一種拒絕。無論有意或無意，你都選擇轉而注意其他事物，這也就意味著對方不是那麼有趣、重要或值得你花時間——至少在那個當下。

即使你並非有意，拒絕傾聽還是有可能傷到人，若當成一種武器也很殘忍。這也是「神隱」（指某人無預警或毫無解釋就跟另一人切斷所有聯繫）如此傷人的原因。發表在《性格研究期刊》（*Journal of Research in Personality*）的一份研究發現，跟其他分手的方式相比，神隱（專業術語所說的「逃避／退縮策略」）最傷人，最讓對方生氣和怨恨。能得到對方的解釋並有機會表達意見的人，還不至於那麼生氣難過。[12]

人會選擇退縮，最常見的原因之一是逃避批評。但值得牢記的是，有時候良藥苦口，我們最不想聽的話才是金玉良言。批評很刺耳，但如果我們認真聽，不讓自我擋在面前，而能思考對方說的話，即使句句刺人，我們或許會發現自己的不足。就算覺得批評有失公允，至少還有機會知道別人怎麼看我們，然後解釋自己真正的意圖。再者，好聽眾因為樂於接觸各種想法和意見，也比較有能力接受批評。他們知道一個人說的話不必然是定見，也不一定準確。

一個練習的好方法如下：想想生命中那些你很難認真聽他們說話的人，問題出在哪裡。他們很愛評斷別人？同樣的話一說再說？誇大事實？太瑣碎？說來說去都在自捧？所說的根本不符事實？太過負面？太裝模作樣？太膚淺？太無禮？他們挑戰了你的想法？跟你意見不合？讓你覺得嫉妒？引經據典，還用你不懂的字詞？聲音很討厭？在人際上或專業上對你沒有幫助？你害怕跟人走得太近？你一定有你的理由。只要找出理由，還有這些理由是否反映了你是什麼樣的人，更甚於對方是什麼樣的人。同時也要知道，人都會變。當你真心傾聽時，你對他們的看法就會改變。在你決定不再傾聽之前，先努力看看，通常都會有些收穫。

結語

當二號州際公路沿途的保釋金借貸和 Whataburger 漢堡的廣告牌上，出現金光閃閃的耶穌和聖胡安聖母馬賽克拼圖時，你就知道聖胡安德爾瓦萊聖母大教堂到了。這裡是德州的邊境小鎮聖胡安。另一條線索是團團湧入教堂的數千名遊客。他們來這裡點蠟燭、捐獻，但排最長的是告解隊伍，形成緊密的S曲線往前延伸，就像機場裡的排隊人龍。六個告解室有神父輪流值班，一次輪三小時，一天最多可以輪到十二小時，通常會延長時間，而不是請人下次再來。

年輕、圓臉的院長霍吉·高梅茲神父（Jorge Gómez）告訴我，告解的隊伍似乎每個禮拜愈排愈長，甚至性侵醜聞爆發讓很多人對天主教大為反感時也不例外。高梅茲神父不知如何解釋這個現象。他不認為是現今社會犯罪猖獗或是人們罪惡感較深的緣故。

事實上，很多來告解的人都不是來談自己犯的罪，有些甚至不是天主教徒。「來這裡的人好像來到一間戰地醫院。」神父說：「他們迫切需要有人聽他們說話，彷彿受了傷一般，而且傷得很重。」

我們邊說話、邊繞著教堂走，他的黑袍隨著腳步沙沙擺動。高梅茲神父來自墨西哥鄉下，是家中十二個小孩中的老大，至今仍對自己有一天會當上神父感到不可思議。這座教堂加上腹地有一個運動場那麼大，每逢週末都吸引超過兩萬名遊客前來，是美國最多人參觀的天主教堂之一。遊客來自世界各地，北美、拉美、亞洲、非洲、歐洲、加勒比海都有，但是跟很多參觀華府的聖母無玷始胎全國朝聖所聖殿或紐約的聖派屈克大教堂的遊客不同，這些人是來祈禱的。更確切地說，他們是來被傾聽的。

我來訪的這一天，排隊等待一吐為快的人，各年齡、種族和國籍都有。通曉多國語言的神父聽取四種語言的告解。隊伍裡的人有些看起來像在附近的柑橘園工作，也有人一副歐洲文青的調調，身穿合身西裝，腳踩名貴的義大利金釦皮鞋。大多數人都邊排隊、邊看手機。

「我漸漸覺得，我們的世界出現了傾聽危機。」高梅茲神父說：「很多人想傾訴，但很少人想聽，我們看見大家因此而痛苦。我沒說什麼話，就讓他們說。最後他們都表示，能盡情說話真好。我想，只要在那裡聽他們說就好，這就是他們渴望的東西。」

高梅茲神父告訴我，天主教神學院很少有教人如何傾聽告解的訓練。對他而言，最好的訓練就是自己定期去告解。「我需要坐在另一個神父面前，抱著謙卑的心坦承自己的罪，這樣坐在隔板另一邊時，我才會有惻隱之心。」他說。

這樣設身處地對任何聽者都很重要。若本身不知道脆弱的感覺，很難對別人的脆弱培養出敏銳度和尊重。對話只停留在表面或總是嘻嘻哈哈的人，不瞭解付出心力幫助別人的感覺，也不太知道如何接受別人的幫助。

曾經跟人分享自己的經驗，卻得到粗率或搞不清楚狀況的回應，就會知道那會讓你的靈魂想要躲回原來的地方。無論是承認罪行、提出構想、分享夢想、坦承焦慮，或回想過去的重大事件，對方都交出了一部分的自己。如果你不小心回應，對方便會開始跟你閒扯淡，因為心裡知道「跟這個人不能認真」。

跟人交往時，你的行為有兩種效果：一是幫助或阻礙你理解，二是鞏固或削弱關係。傾聽對兩者都是最好的投資。如同我們在這本書中的討論，只要有耐心和自覺，就有可能增進傾聽的技巧，成為擅長傾聽的人。但有時你還是會失神或失去耐心，或兩者兼有。連高梅茲神父都說他不時會分心。傾聽就像從事運動或彈奏樂器，反覆練習持之以恆就能進步，但永遠無法百分之百完美。有些人或許天賦異稟，有些得靠後天磨練，但只要努力都有幫助。

聖胡安聖母大教堂的隊伍，反映出人需要被傾聽這種基本、但迫切的需求。發生好事或壞事時，你的第一反應是什麼？或許是去告訴別人。我們會把自己的煩惱和喜悅告訴陌生人、寵物，甚至盆栽，如果四周沒人的話。但傾聽是那股衝動的反面，對我們的幸福也一樣重要。我們對接收的渴望不會少於傳達的渴望。當我們忙到無暇傾聽，當我們盯著手機、急著發表意見或妄下斷論，我們就在阻礙其他人表達自己真正的想法和感受，到頭來只會變得更空虛。

傾聽能提高自覺，讓你的感受更敏銳。當你更能理解他人的想法和感受，你在面對世界時就更有活力，世界在你眼中也顯得更有生氣。少了傾聽，生活可能變得無聲無味，日子包覆在未受質疑的信念和固定不變的觀念中，一天天過去，即使世界和裡頭的人不斷改變，也不會有任何事物超越你已知或既有的界線。感覺很安全沒有錯，實際上卻令人窒息。

瑞士心理學家尚・皮亞傑（Jean Piaget）提過學齡前兒童的**集體獨白**（collective monologue）。[1] 把幾個學齡前兒童放在一起會發現，他們只會自言自語，不會互相對話。這種在沙箱前進行的典型「交談」，跟現今社會中所謂的「交談」明顯很類似。若我們因此在政治上、經濟上、社會上和心理上承受後果，一點也不奇怪。能夠參與**集體對話**（collective dialogue）才是成熟的表現，因為其中隱含了與人建立關係的能力。根據皮亞傑的定義，集體對話就是相互傾聽並給予回應。

大衛・亨利・梭羅曾說：「我所得到最大的讚美，就是有人詢問我的看法並傾聽我的回答。」[2]被人傾聽是一種恭維，但認真聽人說話的人愈來愈少，因此我們才會被這樣的人吸引。傾聽是一種禮貌，更根本來說，也是尊重的表現。要讓人相信你對他們的尊重，無法單靠話語，只能用行動證明，而傾聽就是最簡單的方法。

但傾聽並不是件容易的事。人類的精密大腦動得比他人說話的速度還快，因此我們很容易分心。我們還會高估自己的所知所學，因為傲慢自大，對自己誤解的事不知不覺。此外，我們也害怕自己若是認真傾聽，就會發現自己想法的漏洞，或者難以承受他人的情緒。於是我們退回自己的腦中，跟人搶話，或伸手去拿手機。

與其說科技阻礙了傾聽，不如說它讓傾聽顯得多餘。電子裝置讓我們以為自己與社會連結，即使我們其實孤單得要命，最後反而更害怕與人親近。我們逃避他人的雜亂和不完美，躲回相對安全的電子裝置裡，盡情地滑手機、刪訊息，久而久之便錯失了人際互動中的豐富和細緻，隱隱約約總覺得不滿足。

拒絕傾聽降低了對話的層次。對好聽眾說出自己的想法，跟在腦海中說話或用一百四十個字表達，對自己吐露的話語會產生不同的體會和評價。聽者的反應對說者會有一些作用。於是，傾聽提升了對話的品質，因為說者會對自己說出的話更負責、更有自覺。

傾聽雖是慷慨有禮的展現，卻不表示你有義務這樣對待每一個人。你也不可能做到。抱著真心的好奇，傾聽各式各樣的人說話對你有益，但你終究要決定在何時、何處劃下界線。當個好聽眾，不代表你要心甘情願無限期地聽人胡扯，而是幫助你更快認出這樣的人、識破對方的胡言亂語。最重要的或許是，傾聽幫助你避免自己成為這樣的人。

「聽」跟「說」常被歸為一組，而聽往往是柔弱的那一方。事實上，在溝通過程中，聆聽才是更強大的一方。聽的同時你就在學習，從中發現事實並看穿謊言。聆聽雖是讓別人說，卻不表示你要永遠保持沉默。看一個人如何回應，就知道他是不是好聽眾，甚至能判斷他是不是好人。

在這個步調快速、激動狂躁的社會中，傾聽被視為一件麻煩的事。對話要花時間，有時還得重聽一遍；傾聽得花心力投入其中。理解他人和親近他人皆非一蹴可幾。大家常說「我現在不方便說話」，其實真正的意思是「我現在不方便聽你說」，很多人似乎永遠沒有方便的一天。儘管人一生最渴求的，莫過於理解和被理解，但唯有當我們慢下來，願意花時間傾聽，這一切才可能發生。

致謝

在新聞寫作中，消息來源好，報導才會精彩。所以我由衷感謝在我蒐集資料期間，慷慨撥空與我分享資訊的許多人士。他們沒有一定要接我的電話、回我的信或跟我見面，但是最後都願意與我交流。寫在這裡的致謝，無法充分表達我的感激。

幫助我的人太多，無法一一列出，其中很多人也不願暴露姓名。但每場對話對我來說都是意義重大，也影響了我的寫作。此外，當我重聽訪談錄音，邊讀筆記、邊回想受訪者的聲音時，即使在寫作期間最孤獨的日子裡，我也從來不乏美好的陪伴。這本書可以說是我的回禮。

我在書裡引用了許多人的作品，在此我要致上最大的敬意。感謝社會學、神經學、行為及發展方面的學者慷慨寄來他們的研究成果全文，並耐心回答我的問題。也很感激把論文放上網、開放閱覽的研究者。

同樣地，也要感謝古騰堡計畫和網際網路檔案館。當我在尋找來源不明的書籍文章時，才發現這些資料有多麼珍貴。這兩個非營利且由自願者贊助的開創性組織，製作了數百萬冊電子書文，免費供研究者、學者和有興趣的一般大眾使用。要是忘了提我們當地的休士頓公共圖書館、萊斯大學的芳郡圖書館，以及德州大學奧斯汀分校的佩里－卡斯塔涅達圖書館，我就太粗心了。這些圖書館的藏書和靜謐空間皆惠我良多。

特別要感謝我的經紀人布里吉・馬茲（Bridget Matzie）對時間的完美掌控，還有Aevitas Creative Management 團隊其他人的認真負責，尤其是艾斯蒙・海斯沃（Esmond Harmsworth）的敏銳眼光和睿智建議，以及卻爾西・海勒（Chelsey Heller）的國際代理專業和組織長才。十分感激美國出版社 Celadon Books 願意把錢押在我身上，還有我的編輯萊恩・都賀提（Ryan Doherty）不斷鼓勵我，用他的故事給我信心。「你想聽一個故事嗎？」當然想！

當然，由於我有幸為幾家聲望卓著的報刊工作，這本書才有可能問世，尤其是我服務多年的《紐約時報》。我很感激我的前任及現任編輯，包括翠喜・霍爾（Trish Hall）、史考特・維爾（Scott Veale）、阿諾・瓊斯（Honor Jones）、麥可・梅森（Michael Mason）、派屈克・法羅（Patrick Farrell）、羅伯特・查夫（Roberta Zeff）、吉姆・克斯德特（Jim Kerstetter），以及亞歷山大・雅各（Alexandra Jacobs）。他們讓我在無數任務上盡情發揮，等於給了我傾聽他人的許可證。

註釋

前言

1. "Meeting President and Mrs. Coolidge," America's Story from America's Library, Library of Congress, http://www.americaslibrary.gov/aa/keller/aa_keller_coolidge_1.html.
2. Crossley Hastings Crossley and Crossley Hastings, *The Golden Sayings of Epictetus, with the Hymns of Cleanthes* (Urbana, IL: Project Gutenberg, 2006), 256, http://www.gutenberg.org/ebooks/871.

第1章

1. Kate Murphy, "Oliver Sacks," *New York Times,* July 16, 2011, https://www.nytimes.com/2011/07/17/opinion/sunday/17download.html.
2. Oliver Sacks, "Face-Blind," *New Yorker,* August 30, 2010, http://www.newyorker.com/magazine/2010/08/30/face-blind.
3. Juliane Holt-Lunstad, Timothy B. Smith, and J. Bradley Laytong, "Social Relationships and Mortality Risk:

A Meta-Analytic Review," *PLOS Medicine* 7, no. 7 (2010), https://doi.org/10.1371/journal.pmed.1000316; Julianne Holt-Lunstad, Timothy B. Smith, Mark Baker, Tyler Harris, and David Stephenson, "Loneliness and Social Isolation as Risk Factors for Mortality: A Meta-Analytic Review," *Perspectives on Psychological Science* 10, no. 2 (2015): 227–237, https://doi.org/10.1177/1745691614568352; Amy Novotney, "Social Isolation: It Could Kill You," *Monitor on Psychology,* 50, no. 5, (May 2019), https://www.apa.org/monitor/2019/05/ce-corner-isolation.

4. "i am lonely will anyone speak to me," Lounge, July 14, 2004, https://www.loungeforums.com/on-topic/i-am-lonely-will-anyone-speak-to-me-2420/; Oliver Burkeman, "Anybody There?," *Guardian,* August 29, 2005, https://www.theguardian.com/technology/2005/aug/30/g2.onlinesupplement; Robert Andrews, "Misery Loves (Cyber) Company," *Wired,* June, 30, 2005, https://www.wired.com/2005/06/misery-loves-cyber-company; Tori Tefler, " 'I Am Lonely, Will Anyone Speak to Me': Inside the Saddest Thread on the Internet, Ten Years Later," *Salon,* November 20, 2014, https://www.salon.com/2014/11/19/i_am_lonely_will_anyone_speak_to_me_inside_the_saddest_thread_on_the_internet_ten_years_later.
5. "New Cigna Study Reveals Loneliness at Epidemic Levels in America," Newsroom, Cigna Corporation, May 1, 2018, https://www.cigna.com/newsroom/news-releases/2018/new-cigna–study-reveals-loneliness-at-epidemic-levels-in-america.
6. Vivek Murthy, "The Loneliness Epidemic," *Harvard Business Review,* October 12, 2017, https://hbr.org/cover-story/2017/09/work-and-the-loneliness-epidemic.
7. "Vital Signs: Trends in State Suicide Rates—United States, 1999–2016 and Circumstances Contributing to Suicide—27 States, 2015," Centers for Disease Control and Prevention, June 8, 2018, https://www.cdc.gov/mmwr/volumes/67/wr/mm6722a1.htm?s_cid=mm6722a1_w; Sabrina Tavernise, " U.S.Suicide Rate Surges to

a 30-Year High," *New York Times*, April 22, 2016, https://www.nytimes.com/2016/04/22/health/us-suicide-rate-surges-to-a-30-year-high.html.

8. "Life Expectancy," Centers for Disease Control and Prevention, July 26, 2018, https://www.cdc.gov/nchs/data/nvsr/nvsr67/nvsr67-05.pdf; Anne Case and Angus Deaton, "Mortality and Morbidity in the 21st Century," Brookings Papers on Economic Activity, https://www.brookings.edu/wp-content/uploads/2017/08/casetextsp17bpea.pdf.

9. Ariel Stravynski and Richard Boyer, "Loneliness in Relation to Suicide Ideation and Parasuicide: A Population-Wide Study," *Suicide and Life-Threatening Behavior* 31, no. 1 (2001): 32–40; Rachel Wurzman, "How isolation fuels opioid addiction," TEDxMidAtlantic, October 29, 2018, https://www.ted.com/talks/rachel_wurzman_how_isolation_fuels_opioid_addiction/transcript?language=en; Andrew Solomon, "Suicide, a Crime of Loneliness," *New Yorker,* August 14, 2014, https://www.newyorker.com/culture/cultural-comment/suicide-crime-loneliness.

10. "Suicide: Key Facts," World Health Organization, August 24, 2018, https://www.who.int/news-room/fact-sheets/detail/suicide; "Prevention of Suicidal Behaviours: A Task for All," World Health Organization, https://www.who.int/mental_health/prevention/suicide/background/en/.

11. Ceylan Yeginsu, "U.K. Appoints a Minster for Loneliness," *New York Times,* January 17, 2018, https://www.nytimes.com/2018/01/17/world/europe/uk-britain-loneliness.html.

12. "Jo Cox Commission on Loneliness," Age UK, https://www.ageuk.org.uk/globalassets/age-uk/documents/reports-and-publications/reports-and-briefings/active-communities/rb_dec17_jocox_commission_finalreport.pdf.

13. Family Romance, http://family-romance.com/; Roc Morin, "How to Hire Fake Friends and Family," *Atlantic,*

November 7, 2017, https://www.theatlantic.com/family/archive/2017/11/paying-for-fake-friends-and-family/545060/; Elif Batuman, "Japan's Rent-a-Family Industry," *New Yorker,* April 30, 2018, https://www.newyorker.com/magazine/2018/04/30/japans-rent-a-family-industry.

14. "New Cigna Study Reveals Loneliness at Epidemic Levels in America," Newsroom, Cigna Corporation, May 1, 2018, https://www.cigna.com/newsroom/news-releases/2018/new-cigna-study-reveals-loneliness-at-epidemic-levels-in-america; 2018 CIGNA U.S. Loneliness Index, https://www.multivu.com/players/English/8294451-cigna-us-loneliness-survey/docs/IndexReport_1524069371598-173525450.pdf.

15. Gregory Plemmons, Matthew Hall, Stephanie Doupnik, James Gay, Charlotte Brown, Whitney Browning, Robert Casey et al. "Hospitalization for Suicide Ideation or Attempt: 2008–2015," *Pediatrics* 141, no. 6 (2018): e20172426, https://doi.org/10.1542/peds.2017-2426.

16. Jean M. Twenge, "Have Smartphones Destroyed a Generation?," *Atlantic,* September 2017, https://www.theatlantic.com/magazine/archive/2017/09/has-the-smartphone-destroyed-a–generation/534198/; Jean Twenge and Heejung Park, "The Decline in Adult Activities Among US Adolescents, 1976–2016," *Child Development* 90, no. 2 (2019): 638–654, https://doi.org/10.1111/cdev.12930; Jess Williams, "Are My Generation Really as Boring as Everyone Says?," *New Statesman America,* September 19, 2014, https://www.newstatesman.com/comment/2014/09/kids-are-alright-0; Stephanie Hanes, "Becoming an Adult: Why More Adolescents Now Say 'Don't Rush Me,' " *Christian Science Monitor,* January 14, 2019, https://www.csmonitor.com/USA/Society/2019/0114/Becoming-an-adult-Why-more-adolescents-now-say-Don-t-rush-me; Tara Bahrampour, "Why Are Today's Teens Putting Off Sex, Driving, Dating and Drinking?," *Chicago Tribune,* September 19, 2017, https://www.chicagotribune.com/lifestyles/parenting/ct-teens-not-drinking–20170919-story.html.

17. Niko Männikkö, Heidi Ruotsalainen, Jouko Miettunen, Halley M. Pontes, and Maria Kääriäinen, "Problematic

Gaming Behaviour and Health-Related Outcomes: A Systematic Review and Meta-Analysis," *Journal of Health Psychology,* December 1, 2017, https://doi.org/10.1177/1359105317740414.

18. "Sorkinisms—A Supercut," *YouTube video*, 7:21, posted by Kevin T. Porter, June 25, 2012, https://www.youtube.com/watch?v=S78RzZr3IwI.

19. "The Ten-Year Lunch: The Wit and Legend of the Algonquin Round Table," Vimeo video, 55:48, directed by Aviva Slesin, written by Peter Foges and Mary Jo Kaplan, aired September 28, 1987, on PBS, https://vimeo.com/100320182.

20. Carol Kort, *A to Z of American Women Writers* (New York: Facts on File, 2007), 245.

21. Richard Meryman, *Mank: The Wit, World, and Life of Herman Mankiewicz* (New York: Morrow, 1978), 97.

22. Aubrey Malone, *Writing Under the Influence: Alcohol and the Works of 13 American Authors* (Jefferson, NC: McFarland, 2017), 46–47.

23. "Female MPs Shunning PMQs, Says John Bercow," BBC, April 17, 2014, https://www.bbc.com/news/uk-politics-27062577.

24. Dan Cassino, "How Today's Political Polling Works," *Harvard Business Review,* August 1, 2016, https://hbr.org/2016/08/how-todays-political-polling-works.

25. Nicholas Confessore, Gabriel J. X. Dance, Richard Harris, and Mark Hansen, "The Follower Factory," *New York Times,* January 27, 2018, https://www.nytimes.com/interactive/2018/01/27/technology/social-media-bots.html; "A 'Dirty and Open Secret': Can Social Media Curb Fake Followers?," *Knowledge@ Wharton* podcast, Wharton School of the University of Pennsylvania, February 2, 2018, http://knowledge.wharton.upenn.edu/article/twitter-and-the-bots/.

26. Janet Burns, "How Many Social Media Users Are Real People?," *Gizmodo,* June 4, 2018, https://gizmodo.

com/how–many-social-media-users-are-real-people-1826447042; Onur Varol, Emilio Ferrara, Clayton A. Davis, Filippo Menczer, and Alessandro Flammini, "Online Human-Bot Interactions: Detection, Estimation, and Characterization," *International AAAI Conference on Web and Social Media (ICWSM)*, March 27, 2017, https://arxiv.org/abs/1703.03107; Chengcheng Shao, Pik-Mai Hui, Lei Wang, Xinwen Jiang, Alessandro Flammini, Filippo Menczer, and Giovanni Luca Ciampaglia, "Anatomy of an Online Misinformation Network," *PLOS One* 13, no. 4 (2018): e0196087, https://doi.org/10.1371/journal.pone.0196087.

27. Alessandro Bessi and Emilio Ferrara, "Social Bots Distort the 2016 U.S. Presidential Election Online Discussion," *First Monday* 21, no. 11 (2016), http://dx.doi.org/10.5210/fm.v21i11.7090.

28. Shea Bennet, "67% of Taylor Swift's Twitter Followers are Bots, Says Study: An Audit of the Most Popular Musical Artists on Twitter Suggests They're Mostly Followed by Non-Human Profiles," *Adweek,*February 4, 2015, https://www.adweek.com/digital/twitter-bots-problem/; "The World's Biggest Music Stars: Who's Faking It on Twitter?," *Music Business Worldwide,* January 31, 2015, https://www.musicbusinessworldwide.com/katy-perry-justin-bieber-and-lady-gaga-whos-faking-it-on-twitter/.

29. Trevor van Mierlo, "The 1% Rule in Four Digital Health Social Networks: An Observational Study," *Journal of Medical Internet Research* 16, no. 2 (2014), https://doi.org/10.2196/jmir.2966; Bradley Carron-Arthura, John A. Cunningham, and Kathleen M. Griffith, "Describing the Distribution of Engagement in an Internet Support Group by Post Frequency: A Comparison of the 90-9-1 Principle and Zipf's Law," *Internet Interventions* 1, no. 4 (2014): 165–168, https://doi.org/10.1016/j.invent.2014.09.003; Ling Jiang, Kristijan Mirkovski, Jeffrey D. Wall, Christian Wagner, and Paul Benjamin Lowry, "Proposing the Core Contributor Withdrawal Theory (CCWT) to Understand Core Contributor Withdrawal from Online Peer-Production Communities," *Internet Research* 28, no. 4 (2018): 988–1028, https://doi.org/10.1108/IntR-05-2017-0215.

30. Bora Zivkovic, "Commenting Threads: Good, Bad, or Not At All," *A Blog Around the Clock* (blog), *Scientific American,* January 28, 2013, https://blogs.scientificamerican.com/a-blog-around-the-clock/commenting-threads-good-bad-or-not-at-all/; Nate Cohn and Kevin Quealy, "The Democratic Electorate on Twitter Is Not the Actual Democratic Electorate," *New York Times,* April 9, 2019, https://www.nytimes.com/interactive/2019/04/08/upshot/democratic-electorate-twitter-real-life.html.
31. Tom Toro, "Behold, as I Guide Our Conversation to My Narrow Area of Expertise," *New Yorker,* March 2, 2017, https://www.newyorker.com/cartoon/a20667.

第2章

1. Mark Zuckerberg's Facebook page, posted January 3, 2017, https://www.facebook.com/zuck/posts/10103385178272401.
2. Reid J. Epstein and Deepa Seetharaman, "Mark Zuckerberg Hits the Road to Meet Regular Folks—With a Few Conditions," *Wall Street Journal,* July 12, 2017, https://www.wsj.com/articles/mark–zuckerberg-hits-the-road-to-meet-regular-folkswith-a-few-conditions-1499873098.
3. Lynn Cooper and Trey Buchanan, "Taking Aim at Good Targets: Inter-Rater Agreement of Listening Competency," *International Journal of Listening* 17, no. 1 (2003): 88–114, https://doi.org/10.1108/IntR-05-2017-0215.
4. Pascal Belin, Shirley Fecteau, and Catherine Bedard, "Thinking the Voice: Neural Correlates of Voice Perception," *Trends in Cognitive Sciences* 8, no. 3 (2004): 129–135, https://doi.org/10.1016/j.tics.2004.01.008; May Gratier and Gisèle Apter-Danon, "The Improvised Musicality of Belonging: Repetition and Variation in Mother- Infant Vocal Interaction," in *Communicative Musicality: Exploring the Basis of Human*

Companionship, ed. Stephen Malloch and Colwyn Trevarthen (New York: Oxford University Press, 2009), 301–327; Ana Fló, Perrine Brusini, Francesco Macagno, Marina Nespor, Jacques Mehler, and Alissa L. Ferry, "Newborns Are Sensitive to Multiple Cues for Word Segmentation in Continuous Speech," *Developmental Science* (2019): e12802, https://doi.org/10.1111/desc.12802.

5. Viola Marx and Emese Nagy, "Fetal Behavioural Responses to Maternal Voice and Touch," *PLOS One* 10, no. 6 (2015): eO129118, https://doi.org/10.1371/journal.pone.0129118; "Fetal Development: The 2nd Trimester," Mayo Clinic, https://www.mayoclinic.org/healthy-life-style/pregnancy-week-by-week/in-depth/fetal-development/art-20046151.
6. Eino Partanen, Teija Kujala, Risto Näätänen, Auli Liitola, Anke Sambeth, and Minna Huotilainen, "Learning-Induced Neural Plasticity of Speech Processing Before Birth," *PNAS* 110, no. 7 (2013), https://doi.org/10.1073/pnas.1302159110.
7. J. P. Lecanuet, C. Granier-Deferre, and M. C. Busnel, "Fetal Cardiac and Motor Responses to Octave-Band Noises as a Function of Central Frequency, Intensity and Heart Rate Variability, "early Human Development 18, no. 2-3 (1988): 81-93, https://doi.org/10/1016/1378-3782(88)90045-X.
8. James Hallenbeck, *Palliative Care Perspectives* (New York: Oxford University Press, 2003), 220.
9. Anouk P. Netten, Carolien Rieffe, Stephanie C. P. M. Theunissen, Wim Soede, Evelien Dirks, Jeroen J. Briaire, and Johan H. M. Frijns, "Low Empathy in Deaf and Hard of Hearing (Pre) Adolescents Compared to Normal Hearing Controls," *PLOS One* 10, no. 4 (2015): e0124102, https://doi.org/10.1371/journal.pone.0124102.
10. Diane Ackerman, *A Natural History of the Senses* (New York: Vintage Books, 1991), 191.
11. A. Zadbood, J. Chen, Y. C. Leong, K. A. Norman, and U. Hasson, "How We Transmit Memories to Other Brains: Constructing Shared Neural Representations Via Communication," *Cerebral Cortex* 27, no. 10 (2017):

4988–5000, https://doi.org/10.1093/cercor/bhx202.

12. Carolyn Parkinson, Adam M. Kleinbaum, and Thalia Wheatley, "Similar Neural Responses Predict Friendship," *Nature Communications* 9, no. 332 (2018), https://doi.org/10.1038/s41467-017-02722-7.

13. Michael Lewis, *The Undoing Project* (New York:W. W. Norton, 2017).

14. Ibid., 238.

15. Ibid., 182.

16. Inge Bretheron, "The Origins of Attachment Theory: John Bowlby and Mary Ainsworth," *Developmental Psychology 28,* no. 5 (1992): 759–775, http://dx.doi.org/10.1037/0012-1649.28.5.759; Mary D. Salter Ainsworth, Mary C. Blehar, Everett Waters, and Sally N. Wall, *Patterns of Attachment: A Psychological Study of the Strange Situation* (New York: Psychology Press, 2015); John Bowlby, *A Secure Base: Parent-Child Attachment and Healthy Human Development* (New York: Basic Books, 1988); Kent Hoffman, Glen Cooper, Bert Powell, and Christine M. Benton, *Raising a Secure Child: How Circle of Security Parenting Can Help You Nurture Your Child's Attachment, Emotional Resilience, and Freedom to Explore* (New York: Guilford Press, 2017); Howard Steele and Miriam Steele, *Handbook of Attachment-Based Interventions* (New York: Guilford Press, 2017); Jude Cassidy, *Handbook of Attachment: Theory, Research, and Clinical Applications,* 3rd ed. (New York: Guilford Press, 2018); Amir Levine and Rachel Heller, *Attached: The New Science of Adult Attachment and How It Can Help You Find—And Keep—Love* (New York: Tarcher Perigee, 2011).

17. Teresa Lind, Kristin Bernard, Emily Ross, and Mary Dozier, "Intervention Effects on Negative Affect of CPS-Referred Children: Results of a Randomized Clinical Trial," *Child Abuse & Neglect* 38, no. 9 (2014): 1459–1467, https://doi.org/10.1016/j.chiabu.2014.04.004; Anne P. Murphy, Howard Steele, Jordan Bate, Adella Nikitiades, Brooke Allman, Karen A. Bonuck, Paul Meissner, and Miriam Steele, "Group Attachment-

Based Intervention: Trauma-Informed Care for Families with Adverse Childhood Experiences," *Family and Community Health* 38, no. 3 (2015): 268–279, https://doi.org/10.1097/FCH.0000000000000074; Kristin Bernard, Mary Dozier, Johanna Bick, Erin Lewis-Morrarty, Oliver Lindhiem, and Elizabeth Carlson, "Enhancing Attachment Organization Among Maltreated Children: Results of a Randomized Clinical Trial," *Child Development* 83, no. 2 (2012): 623–636, https://doi.org/10.1111/j.1467-8624.2011.01712.x.

18. Lesley Caldwell and Helen Taylor Robinson, eds., *The Collected Works of D. W. Winnicott,* vol. 6 (New York: Oxford University Press, 2017), 529.

19. Amir Amedi, Gilad Jacobson, Talma Hendler, Rafael Malach, and Ehud Zohary, "Convergence of Visual and Tactile Shape Processing in the Human Lateral Occipital Complex," *Cerebral Cortex* 12, no. 11 (2002): 1202–1212, https://doi.org/10.1093/cercor/12.11.1202; Gary Chapman, *The 5 Love Languages* (Chicago, IL: Northfield Publishing, 1992), 107–118; Lisbeth Lipari, *Listening, Thinking, Being: Toward an Ethics of Attunement* (University Park, PA: Pennsylvania State University Press, 2014), 9.

第3章

1. Charles R. Berger and Michael E. Roloff, eds., *The International Encyclopedia of Interpersonal Communication* (Malden, MA: Wiley Blackwell, 2016), https://onlinelibrary.wiley.com/browse/book/10.1002/9781118540190/title?pageSize=20&startPage=&alphabetRange=l.

2. Mark Knapp and John Daly, eds., *The SAGE Handbook of Interpersonal Communication,* 4th ed. (Thousand Oaks, CA: Sage, 2011), https://us.sagepub.com/en-us/nam/the-sage-handbook-of–interpersonal-communication/book234032.

3. Debra Worthington and Graham Bodie, "Defining Listening: A Historical, Theoretical, and Pragmatic

Assessment," in *The Sourcebook of Listening Research: Methodology and Measures,* ed. Debra Worthington and Graham Bodie (New York: Wiley-Blackwell, 2017), 4.

4. Mario Mikulincer, "Adult Attachment Style and Information Processing: Individual Differences in Curiosity and Cognitive Closure," *Journal of Personality and Social Psychology* 72, no. 5 (1997): 1217–1230, http://dx.doi.org/10.1037/0022-3514.72.5.1217.
5. Studs Terkel, *Working: People Talk About What They Do All Day and How They Feel About What They Do* (New York: Ballantine, 1989).
6. *Studs Terkel: Listening to America,* directed by Eric Simonson (New York: HBO Documentary Films, 2009).
7. Studs Terkel, *Talking to Myself: A Memoir of My Times* (New York: Pantheon Books, 1977), 32.
8. Monisha Pasupathi and Jacob Billitteri, "Being and Becoming Through Being Heard: Listener Effects on Stories and Selves," *International Journal of Listening* 29, no. 2 (2015): 67–84, https://doi.org/10.1080/10904018.2015.1029363; Monisha Pasupathi, Lisa M. Stallworth, and Kyle Murdoch, "How What We Tell Becomes What We Know: Listener Effects on Speakers' Long-Term Memory for Events," *Discourse Processes* 26, no. 1 (1998): 1–25, https://doi.org/10.1080/01638539809545035; Monisha Pasupathi and B. Rich, "Inattentive Listening Undermines Self-Verification in Personal Storytelling," *Journal of Personality* 73, no. 4 (2005), https://doi.org/10.1111/j.1467-6494.2005.00338.x.
9. Dale Carnegie, *How to Win Friends and Influence People,* rev. ed. (New York: Simon & Schuster, 1981), 44.
10. Robert D. McFadden, "Ingvar Kamprad, Founder of IKEA and Creator of a Global Empire, Dies at 91," *New York Times,* January 28, 2018, https://www.nytimes.com/2018/01/28/obituaries/ingvar-kamprad–dies.html.
11. Richard Heller, "The Billionaire Next Door," *Forbes,* August 7, 2000, https://www.forbes.com/global/2000/0807/0315036a.html#c9f65ef4b69d.

12. Todd B. Kashdan, Ryne A. Sherman, Jessica Yarbro, and David C. Funder, "How Are Curious People Viewed and How Do They Behave in Social Situations? From the Perspectives of Self, Friends, Parents, and Unacquainted Observers," *Journal of Personality* 81, no. 2 (2012), https://doi.org/10.1111/j.1467-6494.2012.00796.x.
13. Nicholas Epley and Juliana Schroeder, "Mistakenly Seeking Solitude," *Journal of Experimental Psychology* 143, no. 5 (2014): 1980–1999, http://dx.doi.org/10.1037/a0037323.
14. Colin G. DeYoung, "The Neuromodulator of Exploration: A Unifying Theory of the Role of Dopamine in Personality," *Frontiers in Human Neuroscience* 7, no. 762 (2013), https://doi.org/10.3389/fnhum.2013.00762.
15. Robert L. Grenier, *88 Days to Kandahar: A CIA Diary* (New York: Simon & Schuster, 2015), 175.

第4章

1. Laurie Abraham, *The Husbands and Wives Club: A Year in the Life of a Couples Therapy Group* (New York: Touchstone, 2013).
2. Kenneth Savitsky, Boaz Keysar, Nicholas Epley, Travis Carter, and Ashley Swanson, "The Closeness-Communication Bias: Increased Egocentrism Among Friends Versus Strangers," *Journal of Experimental Social Psychology* 47, no. 1 (2011): 269–273, https://doi.org/10.1016/j.jesp.2010.09.005.
3. André Maurois, *Memoirs 1885–1967* (London: Bodley Head, 1970), 218.
4. R. I. M. Dunbar, "Neocortex Size as a Constraint on Group Size in Primates," *Journal of Human Evolution* 22, no. 6 (1992): 469–493, https://doi.org/10.1016/0047-2484(92)90081-J.
5. Kate Murphy, "Do Your Friends Actually Like You?," *New York Times,* August 6, 2016, https://www.nytimes.com/2016/08/07/opinion/sunday/do-your-friends-actually-like-you.html.

6. Mario Luis Small, *Someone to Talk To* (New York: Oxford University Press, 2017).
7. Fyodor Dostoyevsky, *Notes from the Underground* (Urbana, IL: Project Gutenberg, 1996), 35, https://www.gutenberg.org/files/600/600-h/600-h.htm.
8. Raymond Nickerson, "Confirmation Bias: A Ubiquitous Phenomenon in Many Guises," *Review of General Psychology* 2, no. 2 (1998): 175–220, https://doi.org/10.1037/1089-2680.2.2.175.
9. María Ruz, Anna Moser, and Kristin Webster, "Social Expectations Bias Decision-Making in Uncertain Inter-Personal Situations," *PLOS One* 6, no. 2 (2011): e15762, https://doi.org/10.1371/journal.pone.0015762; Elisha Y. Babad, "Expectancy Bias in Scoring as a Function of Ability and Ethnic Labels," *Psychological Reports* 46, no. 2 (1980): 625–626, https://doi.org/10.2466/pr0.1980.46.2.625.
10. Perry Hinton, "Implicit Stereotypes and the Predictive Brain: Cognition and Culture in 'Biased' Person Perception," *Palgrave Communications* 3, no. 17086 (2017), https://doi.org/10.1057/palcomms.2017.86.
11. David Hamilton and Tina Trolier, "Stereotypes and Stereotyping: An Overview of the Cognitive Approach," in *Prejudice, Discrimination, and Racism,* ed. J. F. Dovidio and S. L. Gaertner (San Diego: Academic Press, 1986), 127–163.
12. Brian L. Connelly, S. Trevis Certo, and R. Duane Ireland, "Signaling Theory: A Review and Assessment," *Journal of Management* 37, no. 1 (2010): 39–67, https://doi.org/10.1177/0149206310388419; Lee Cronk, "The Application of Animal Signaling Theory to Human Phenomena: Some Thoughts and Clarifications," *Social Science Information* 44, no. 4 (December 1, 2005): 603–620, https://doi.org/10.1177/0539018405058203.
13. Jonah Berger and Chip Heath, "Who Drives Divergence? Identity Signaling, Outgroup Dissimilarity, and the Abandonment of Cultural Tastes," *Journal of Personality and Social Psychology* 95, no. 3 (2008): 593–607,

http://dx.doi.org/10.1037/0022-3514.95.3.593; Naomi Ellemers and S. Alexander Haslam, "Social Identity Theory," in *Handbook of Theories of Social Psychology,* vol. 2, ed. Paul Van Lange, Arie Kruglanski, and Tory Higgins (Thousand Oaks, CA: Sage, 2012), 379–398; Henri Tajfel, "Social Identity and Intergroup Behaviour," *Social Science Information* 13, no. 2 (1974): 65–93, https://doi.org/10.1177/053901847401300204.

14. Rob Nelissen and Marijn Meijers, "Social Benefits of Luxury Brands as Costly Signals of Wealth and Status," *Evolution and Human Behavior* 32, no. 5 (2011): 343–355.
15. Allen Downey, "The U.S. Is Retreating from Religion," *Observations* (blog), *Scientific American,* October 20, 2017, https://blogs.scientificamerican.com/observations/the-u-s-is-retreating-from-religion/.
16. Danah Boyd and Nicole Ellison, "Social Network Sites: Definition, History, and Scholarship," *Journal of Computer-Mediated Communication* 13, no. 1 (2007): 210–230, https://doi.org/10.1111/j.1083–6101.2007.00393.x.
17. Cliff Lampe, Nicole Ellison, and Charles Steinfield, "A Familiar Face(book): Profile Elements as Signals in an Online Social Network," *Proceedings of the SIGCHI Conference on Human Factors in Computing Systems*, San Jose, CA (2007): 435–444, https://doi.org/10.1145/1240624.1240695.
18. Nicole Hong, "The New Dating No-No: Asking for a Last Name," *Wall Street Journal,* January 24, 2018, https://www.wsj.com/articles/the-new-dating-no-no-asking-for-a-last-name-1516810482.

第5章

1. Graham Bodie, Kaitlin Cannava, and Andrea Vickery, "Supportive Communication and the Adequate Paraphrase," *Communication Research Reports* 33, no. 2 (2016): 166–172, http://dx.doi.org/10.1080/08824096.2016.1154839.

2. Carl Ransom Rogers, *A Way of Being* (New York: Houghton Mifflin, 1980), 8.
3. Fred Shapiro, *The Yale Book of Quotations* (New Haven, CT: Yale University Press, 2006), 537.
4. *Bowling for Columbine,* directed by Michael Moore (Beverly Hills, CA: United Artists 2002).
5. James Fox and Monica DeLateur, "Mass Shootings in America: Moving Beyond Newtown," *Homicide Studies* 18, no. 1 (2014): 125–145, https://doi.org/10.1177/1088767913510297.
6. Alex Yablon, "What Do Most Mass Shooters Have in Common? It's Not Politics, Violent Video Games or Occult Beliefs," *Chicago Tribune,* September 18, 2017, https://www.chicagotribune.com/news/opinion/commentary/ct-perspec-mass-shootings-video-games–politics-0917-story.html.
7. Steve Chawkins, "Dick Bass Dies at 85; Texas Oilman Was First to Scale 'Seven Summits,' " *Los Angeles Times,* July 29, 2015, https://www.latimes.com/local/obituaries/la-me-0730-richard-bass-20150730–story.html; Roger Horchow and Sally Horchow, *The Art of Friendship* (New York: St. Martin's Press, 2005), 33.

第6章

1. Ralph Nichols and Leonard Stevens, *Are You Listening?* (New York: McGraw Hill, 1957), 82.
2. Ralph Nichols and Leonard Stevens, "Listening to People," *Harvard Business Review,* September 1957, https://hbr.org/1957/09/listening-to-people; Clella Jaffe, *Public Speaking: Concepts and Skills for a Diverse Society* (Boston: Wadsworth Publishing, 2012), 58; Teri Kwal Gamble and Michael W. Gamble, *Interpersonal Communication: Building Connections Together* (Thousand Oaks, CA: Sage, 2014), 106.
3. Frederico Azevedo, Ludmila Carvalho, Lea T. Grinberg, José Marcelo Farfel, Renata Ferretti, Renata Leite, Wilson Jacob Filho, et al., "Equal Numbers of Neuronal and Nonneuronal Cells Make the Human Brain an Isometrically Scaled-Up Primate Brain," *Journal of Comparative Neurology* 513, no. 5 (2009): 532–541,

https://doi.org/10.1002/cne.21974.

4. Alexander Penney, Victoria Miedema, and Dwight Mazmanian, "Intelligence and Emotional Disorders: Is the Worrying and Ruminating Mind a More Intelligent Mind?," *Personality and Individual Differences* 74 (2015): 90–93, https://doi.org/10.1016/j.paid.2014.10.005.
5. Adam S. McHugh, "For Introverts, Listening Is an Act of Inward Hospitality," *Introvert, Dear: For Introverts and Highly Sensitive People* (blog), October 13, 2017, https://introvertdear.com/news/listen-introverts-inner-world/.
6. Nichols and Stevens, "Listening to People."
7. "Listening Legend Interview, Dr. Ralph Nichols," *Listening Post,* summer 2003, https://www.listen.org/Legend-Interview.
8. Nichols and Stevens, "Listening to People."
9. Heinz Kohut, *Self Psychology and the Humanities: Reflections on a New Psychoanalytic Approach,* ed. Charles Strozier (New York: W. W. Norton, 1980).
10. *Annie Hall,* directed by Woody Allen (Hollywood, CA: United Artists, 1977).

第7章

1. Jonas T. Kaplan, Sarah I. Gimbel, and Sam Harris, "Neural Correlates of Maintaining One's Political Beliefs in the Face of Counterevidence," *Scientific Reports* 6, no. 39589 (2016), https://doi.org/10.1038/srep39589.
2. "Free Speech Advocate on the State of College Campuses," Steve Inskeep interview with Greg Lukianoff, *Morning Edition,* NPR, May 29, 2017, https://www.npr.org/2017/05/29/530555442/free-speech-advocate-on-the-state-of-college-campuses; Conor Friedersdorf, "Middlebury Reckons with a Protest Gone Wrong," *Atlantic,*

March 6, 2017, https://www.theatlantic.com/politics/archive/2017/03/middleburys-liberals-respond-to-an-protest-gone-wrong/518652/.

3. John Villasenor, "Views Among College Students Regarding the First Amendment: Results from a New Survey," *Fixgov* (blog) Brookings Institution, September 18, 2017, https://www.brookings.edu/blog/fixgov/2017/09/18/views-among-college–students-regarding-the-first-amendment-results-from-a-new-survey/.
4. Richard Felton, "Ted Cruz: Democratic Candidates Are a 'Dangerous Socialist...and Bernie Sanders,' " *Guardian,* September 19, 2015, https://www.theguardian.com/us-news/2015/sep/19/ted-cruz-hillary-clinton-mackinac-republican-leadership-conference.
5. Charles Gibson, "Restoring Comity to Congress," Harvard University Shorenstein Center Discussion Paper Series, January 2011, https://shorensteincenter.org/wp-content/uploads/2012/03/d60_gibson.pdf.
6. Olivia Newman, *Liberalism in Practice: The Psychology and Pedagogy of Public Reason* (Cambridge, MA: MIT Press, 2015), 98.
7. Martin Tolchin, "Social Security: Compromise at Long Last," *New York Times,* January 20, 1983, https://www.nytimes.com/1983/01/20/us/social-security-compromise-at-long-last.html.
8. John McCain, "It's Time Congress Returns to Regular Order," *Washington Post,* August 31, 2017, https://www.washingtonpost.com/opinions/john-mccain-its-time-congress-returns-to-regular-order/2017/08/31/f62a3e0c-8cfb-11e7-8df5-c2e5cf46c1e2_story.html.
9. Avery Anapol, "Senator Using 'Talking Stick' Breaks Collins' Glass Elephant During Shutdown Talks," *The Hill,* January 22, 2018, https://thehill.com/homenews/senate/370163-unnamed-senator–throws-talking-stick-breaks-collins-glass-elephant-during.
10. "Conway: Press Secretary Gave 'Alternative Facts,' " *Meet the Press,* NBC video, 3:39, January 22, 2017,

https://www.nbcnews.com/meet-the-press/video/conway-press-secretary-gave-alternative-facts-860142147643.

11. "Donald Trump: 'My Primary Consultant Is Myself,' " YouTube video, 3:11, posted by MSNBC, March 16, 2016, https://www.youtube.com/watch?v=W7CBp8lQ6ro.

12. Partisanship and Political Animosity in 2016," Pew Research Center, June 22, 2016, http://assets.pewresearch.org/wp-content/uploads/sites/5/2016/06/06-22-16-Partisanship-and-animosity-release.pdf.

13. Jeremy Peters, "In a Divided Era, One Thing Seems to Unite: Political Anger," *New York Times,* August 17, 2018, https://www.nytimes.com/2018/08/17/us/politics/political-fights.html.

14. Oshin Vartanian and David R. Mandel, eds., *Neuroscience of Decision Making* (New York: Psychology Press, 2011), 89–93.

15. Joseph LeDoux, *The Emotional Brain: The Mysterious Underpinnings of Emotional Life* (New York: Touchstone, 1998). Daniel Goleman, *Emotional Intelligence: Why It Can Matter More Than IQ* (New York: Bantam Books, 1995), 13–33.

16. Matthew Scult, Annchen Knodt, Spenser Radtke, Bartholomew Brigidi, and Ahmad R Hariri, "Prefrontal Executive Control Rescues Risk for Anxiety Associated with High Threat and Low Reward Brain Function," *Cerebral Cortex* 29, no. 1 (2017): 70–76, https://doi.org/10.1093/cercor/bhx304.

17. M. Justin Kim, Matthew Scult, Annchen Knodt, Spenser Radtke, Tracy d'Arbeloff, Bartholomew Brigidi, and Ahmad R. Hariri, "A Link Between Childhood Adversity and Trait Anger Reflects Relative Activity of the Amygdala and Dorsolateral Prefrontal Cortex," *Biological Psychiatry: Cognitive Neuroscience and Neuroimaging* 3, no. 7 (2018): 644–649, https://doi.org/10.1016/j.bpsc.2018.03.006.

18. Thomas A. Avino, Nicole Barger, Martha V. Vargas, Erin L. Carlson, David G. Amaral, Melissa D. Bauman,

and CynthiTa M. Schumann, “Neuron Numbers Increase in the Human Amygdala from Birth to Adulthood, but Not in Autism,” *Proceedings of the National Academy of Sciences* 115, no. 14 (2018): 3710–3715, https://doi.org/10.1073/pnas.1801912115.

19. Austin Prickett, “Police: Fight Over Star Wars and Star Trek Led to Assault,” KOKH Fox25, July 6, 2017, https://okcfox.com/news/local/police-fight-over-star-wars-and-star-trek-led-to-assault.

20. Carl Rogers, *On Becoming a Person: A Therapist’s View of Psychotherapy* (Boston: Houghton Mifflin, 1961), 25.

21. John Keats, *Selected Letters of John Keats*, ed. Grant F. Scott (Cambridge, MA: Harvard University Press, 2002), 60.

22. Jesse G. Delia, Ruth Anne Clark, and David E. Switzer, “Cognitive Complexity and Impression Formation in Informal Social Interaction,” *Speech Monographs*, 41, no. 4 (1974): 299–308, https://doi.org/10.1080/03637757409375854; Claudia L. Hale and Jesse G. Delia, “Cognitive Complexity and Social Perspective-taking,” *Communication Monographs*, 43, no. 3 (1976): 195–203, https://doi.org/10.1080/03637757609375932; Michael J. Beatty and Steven K. Payne, “Listening Comprehension as a Function of Cognitive Complexity: A Research Note,” *Communication Monographs*, 51, no. 1 (1984): 85–89, https://doi.org/10.1080/03637758409390186.

23. B. R. Burleson and J. J. Rack, “Constructivism: Explaining Individual Differences in Communication Skill,” in *Engaging Theories in Interpersonal Communication*, ed. L. A. Baxter and D. O. Braithwaite (Thousand Oaks, CA: Sage, 2008), 51–63.

24. Walter Isaacson, *Steve Jobs* (New York: Simon & Schuster, 2011), 317.

25. Kim Scott, *Radical Candor* (New York: St. Martin’s Press, 2017), 80.

第8章

1. Robert K. Merton, "The Focused Interview and Focus Groups: Continuities and Discontinuities," *Public Opinion Quarterly* 51 (1987): 550–566, http://citeseerx.ist.psu.edu/viewdoc/download?doi=10.1.1.890.112&rep=rep1&type=pdf.
2. Peter Simonson, "Merton's Sociology of Rhetoric," in *Robert K. Merton: Sociology of Science and Sociology as Science*, ed. Craig Calhoun (New York: Columbia University Press, 2017), 214–252.
3. Liza Featherstone, *Divining Desire: Focus Groups and the Culture of Consultation* (New York: OR Books, 2017), 15–16.
4. Ernest Dichter, *The Strategy of Desire* (New York: Routledge, 2017); Dinitia Smith, "When Flour Power Invaded the Kitchen," *New York Times,* April 14, 2004, https://www.nytimes.com/2004/04/14/dining/when-flour-power-invaded-the-kitchen.html.
5. Will Leitch, "Group Thinker," *New York Magazine,* June 21, 2004, https://nymag.com/nymetro/shopping/features/9299/.
6. Jon Berry, "Marketers Reach Out to Blacks," *Chicago Tribune,* May 12, 1991, https://www.chicagotribune.com/news/ct–xpm-1991-05-12-9102110986-story.html.
7. "Army's First Black Helicopter Pilot Honored at George Washington University," *GW Today,* November 4, 2014, https://gwtoday.gwu.edu/army%E2%80%99s-first-black-helicopter-pilot–honored-george-washington-university; "Joining a Segregated Army," Joseph Henry Hairston interview, Digital Collections of the National WWII Museum, 2015, https://www.ww2online.org/view/joseph-hairston.
8. "P&G's Billion-Dollar Brands: Trusted, Valued, Recognized," Procter & Gamble, https://www.pg.com/en_US/downloads/media/Fact_Sheets_BB_FA.pdf; John Colapinto, "Famous Names: Does It Matter What a Prod-

uct Is Called?," *New Yorker,* October 3, 2011, https://www.newyorker.com/magazine/2011/10/03/famous-names.

9. Bit by Bit Matthew Salganik, *Bit by Bit: Social Research in the Digital Age* (Princeton, NJ: Princeton University Press, 2017).
10. "Darwin Correspondence Project," University of Cambridge, https://www.darwinproject.ac.uk/people/about-darwin/what-darwin-read/darwin-s-reading-notebooks.
11. Greg Linden, Brent Smith, and Jeremy York, "Amazon.com Recommendations Item-to-Item Collaborative Filtering," *IEEE Internet Computing*, January–February 2003, https://www.cs.umd.edu/~samir/498/Amazon-Recommendations.pdf.

第9章

1. Charles Duhigg, "What Google Learned from Its Quest to Build the Perfect Team," *New York Times,* February 25, 2016, https://www.nytimes.com/2016/02/28/magazine/what-google–learned-from-its-quest-to-build-the-perfect-team.html.
2. "Guide: Understand Team Effectiveness," *re: Work*, https://rework.withgoogle.com/guides/understanding-team–effectiveness/steps/introduction/.
3. David Deming, "The Growing Importance of Social Skills in the Labor Market," *Quarterly Journal of Economics* 132, no. 4 (2017): 1593–1640, https://doi.org/10.1093/qje/qjx022.
4. Rob Cross, Reb Rebele, and Adam Grant, "Collaborative Overload," *Harvard Business Review,* January–February 2016, 74–79, https://hbr.org/2016/01/collaborative-overload.
5. "Current and Former Clients," Business Improv, http://businessimprov.com/clientspartners/.

6. Nelle Morton, *The Journey Is Home* (Boston, MA: Beacon Press, 1985), 209.
7. T. Bradford Bitterly, Alison Brooks, and Maurice Schweitzer, "Risky Business: When Humor Increases and Decreases Status," *Journal of Personality and Social Psychology* 112, no. 3 (2017): 431–455, https://doi.org/10.1037/pspi0000079.
8. E. De Koning and R. L. Weiss, "The Relational Humor Inventory: Functions of Humor in Close Relationships," *American Journal of Family Therapy* 30, no. 1 (2002): 1–18, https://doi.org/10.1080/019261802753455615.
9. John C. Meyer, *Understanding Humor Through Communication: Why Be Funny, Anyway* (Lanham, MD: Lexington Books, 2015), 81–87.
10. Nathan Miczo, Joshua Averbeck, and Theresa Mariani, "Affiliative and Aggressive Humor, Attachment Dimensions, and Interaction Goals," *Communication Studies* 60, no. 5 (2009): 443–459, https://doi.org/10.1080/10510970903260301; Meyer, *Understanding Humor Through Communication,* 88–89.

第10章

1. Katherine Hampsten, "How Miscommunication Happens (and How to Avoid It)," TED-Ed animation, https://ed.ted.com/lessons/how-to-avoid-miscommunication-katherine-hampsten#review.
2. John A. Daly, Anita L. Vangelisti, and Suzanne M. Daughton, "The Nature and Correlates of Conversational Sensitivity," *Human Communication Research* 14, no. 2 (1987): 167–202, https://doi.org/10.1111/j.1468-2958.1987.tb00126.x.
3. Don W. Stacks and Mary Ann Murphy, "Conversational Sensitivity: Further Validation and Extension," *Communication Reports* 6, no. 1 (1993): 18–24, https://doi.org/10.1080/08934219309367557.
4. Herbert Simon, "What Is An Explanation of Behavior?," *Psychological Science* 3, no. 3 (1992): 150–161,

https://doi.org/10.1111/j.1467-9280.1992.tb00017.x.

5. Stacks and Murphy, "Conversational Sensitivity."
6. "How Many Words Are There in English?," *Merriam-Webster,* https://www.merriam-webster.com/help/faq-how-many-english-words.
7. Cyril Connolly, *The Unquiet Grave: A Word Cycle by Palinurus* (New York: Persea Books, 2005), 93.
8. Walt Whitman, *The Portable Walt Whitman,* ed. Michael Warner (New York: Penguin Books, 2004), 557.
9. Bert Vaux, Harvard Dialect Survey, 2003, http://dialect.redlog.net/.
10. Sara McClelland, "Intimate Justice: Sexual Satisfaction in Young Adults," (Ph.D. dissertation, City University of New York, 2009), https://doi.org/10.1111/j.1751-9004.2010.00293.x.
11. "The Only Surviving Recording of Virginia Woolf," BBC, March 28, 2016, http://www.bbc.com/culture/story/20160324-the–only-surviving-recording-of-virginia-woolf.
12. Konrad Koerner, "The Sapir-Whorf Hypothesis: A Preliminary History and a Bibliographical Essay," *AnthroSource,* December 1992, https://doi.org/10.1525/jlin.1992.2.2.173.
13. Emanuel Bylund and Panos Athanasopoulos, "The Whorfian Time Warp: Representing Duration Through the Language Hourglass," *Journal of Experimental Psychology* 146, no. 7 (2017): 911–916, https://doi.org/10.1037/xge0000314.
14. Jennifer R. Salibury and Guo-Ming Chen. "An examination of the relationship between conversation sensitivity and listening styles," *Intercultural Communication Studies*, 16, no. 1 (2007): 251–262.; Daly et al., "The Nature and Correlates of Conversational Sensitivity"; Stacks and Murphy, "Conversational Sensitivity."
15. Daly et al., "The Nature and Correlates of Conversational Sensitivity."
16. Theodor Reik, *Listening with the Third Ear* (New York: Farrar, Straus and Giroux, 1948).

17. "Robert Caro on the Fall of New York, and Glenn Close on Complicated Characters," *New Yorker Radio Hour,* WNYC, May 4, 2018, https://www.newyorker.com/podcast/the-new-yorker-radio–hour/robert-caro-on-the-fall-of-new-york-and-glenn-close-on–complicated-characters.
18. Maria Konnikova, *The Confidence Game* (New York: Viking, 2016).
19. Robert D. McFadden, "Mel Weinberg, 93, the F.B.I.'s Lure in the Abscam Sting, Dies," *New York Times,* June 6, 2018, https://www.nytimes.com/2018/06/06/obituaries/mel-weinberg-dead–abscam-informant.html.
20. "ABSCAM," *FBI,* https://www.fbi.gov/history/famous-cases/abscam.
21. Leslie Maitland, "At the Heart of the Abscam Debate," *New York Times Magazine,* July 25, 1982, https://www.nytimes.com/1982/07/25/magazine/at-the-heart-of-the-abscam-debate.html.
22. Sasan Baleghizadeh and Amir Hossein Rahimi, "The Relationship Among Listening Performance, Metacognitive Strategy Use and Motivation from a Self-determination Theory Perspective," *Theory and Practice in Language Studies* 1, no. 1 (2011): 61–67, https://doi.org/10.4304/tpls.1.1.61-67; Jeremy Biesanz and Lauren Human, "The Cost of Forming More Accurate Impressions: Accuracy-Motivated Perceivers See the Personality of Others More Distinctively but Less Normatively Than Perceivers Without an Explicit Goal," *Psychological Science* 21, no. 4 (2009): 589–594, https://doi.org/10.1177/0956797610364121; James Hilton and John Darley, "The Effects of Interaction Goals on Person Perception," ed. Mark P. Zanna, *Advances in Experimental Social Psychology* 24 (1991), 235–268; Daly et al., "The Nature and Correlates of Conversational Sensitivity."
23. "Study Suggests Medical Errors Now Third Leading Cause of Death in the U.S.," Johns Hopkins Medicine, May 3, 2016, https://www.hopkinsmedicine.org/news/media/releases/study_suggests_medical_errorsnow_third_leading_cause_of_death_in_the_us.
24. Laura Silvestri,"The Heuristic Value of Misunderstanding," *Civilisations*, 65, no. 1 (2016), 107–126, https://

www.cairn.info/revue-civilisations-2016-1-page-107.htm; Amy Lee, Rhiannon D. Williams, Marta A. Shaw, and Yiyun Jie, "First-Year Students' Perspectives on Intercultural Learning," *Teaching in Higher Education* 19, no. 5 (2014): 543–554; Lipari, *Listening, Thinking, Being*, 8.

25. Paul Maher Jr. and Michael Dorr, eds., *Miles on Miles: Interviews and Encounters with Miles Davis* (Chicago: Lawrence Hill Books, 2009), 70.

第11章

1. Jane Lidstone, Elizabeth Meins, and Charles Fernyhough, "Individual Differences in Children's Private Speech: Consistency Across Tasks, Timepoints, and Contexts," *Cognitive Development* 26, no. 3 (2011): 203–213, https://doi.org/10.1016/j.cogdev.2011.02.002.
2. Alain Morin and Breanne Hamper, "Self-Reflection and the Inner Voice: Activation of the Left Inferior Frontal Gyrus During Perceptual and Conceptual Self-Referential Thinking," *Open Neuroimaging Journal* 6 (2012): 78–89, https://doi.org/10.2174/1874440001206010078.
3. Charles Fernyhough, *The Voices Within* (New York: Basic Books, 2016), 74.
4. Tuija Aro, Anna-Maija Poikkeus, Marja-Leena Laakso, Asko Tolvanen, and Timo Ahonen, "Associations Between Private Speech, Behavioral Self-Regulation, and Cognitive Abilities," *International Journal of Behavioral Development* 39, no. 6 (2014): 508–518, https://doi.org/10.1177/0165025414556094; Ben Alderson-Day and Charles Fernyhough, "Inner Speech: Development, Cognitive Functions, Phenomenology, and Neurobiology," *Psychological Bulletin* 141, no. 5 (2015): 931–965, http://dx.doi.org/10.1037/bul0000021.
5. Douglas Behrend, Karl Rosengren, and Marion Perlmutter, "The Relation Between Private Speech and Parental Interactive Style," in *Private Speech: From Social Interaction to Self-Regulation,* ed. Rafael Diaz and Laura

Berk (Hillsdale, NJ: Lawrence Erlbaum Associates, 1992), 85–100.

6. Laura Berk and Ruth Garvin, "Development of Private Speech Among Low-Income Appalachian Children," *Developmental Psychology* 20, no. 2 (1984): 271–286, http://dx.doi.org/10.1037/0012-1649.20.2.271.
7. Laura Berk, "Development of Private Speech Among Preschool Children," *Early Child Development and Care* 24, no. 1–2 (1986): 113–136, https://doi.org/10.1080/0300443860240107.
8. Xing Tian, Nai Ding, Xiangbin Teng, Fan Bai, and David Poeppel, "Imagined Speech Influences Perceived Loudness of Sound," *Nature Human Behavior* 2, no. 3 (2018): 225–234, https://doi.org/10.1038/s41562-018-0305-8.
9. Marianne Abramson and Stephen D. Goldinger, "What the Reader's Eye Tells the Mind's Ear: Silent Reading Activates Inner Speech," *Perception & Psychophysics* 59, no. 7 (1997): 1059–1068, https://doi.org/10.3758/BF03205520.
10. Jessica Alexander and Lynne Nygaard, "Reading Voices and Hearing Text: Talker-Specific Auditory Imagery in Reading," *Journal of Experimental Psychology: Human Perception and Performance* 34, no. 2 (2008): 446–459, http://dx.doi.org/10.1037/0096-1523.34.2.446.
11. Bo Yao, Pascal Belin, and Christophe Scheepers, "Silent Reading of Direct versus Indirect Speech Activates Voice-selective Areas in the Auditory Cortex," *Journal of Cognitive Neuroscience* 23, no. 10 (October 2011): 3146–3152, https://doi.org/10.1162/jocn_a_00022.
12. Ben Alderson-Day, Marco Bernini, and Charles Fernyhough, "Uncharted Features and Dynamics of Reading: Voices, Characters, and Crossing of Experiences," *Consciousness and Cognition* 49 (2017): 98–109, https://doi.org/10.1016/j.concog.2017.01.003.
13. Rob Couteau, "The Romance of Places: An Interview with Ray Bradbury," in *Conversations with Ray Bradbury,*

ed. Steven L. Aggelis (Jackson: University Press of Mississippi, 2004), 122.

14. Timothy Wilson, David Reinhard, Erin C. Westgate, Daniel T. Gilbert, Nicole Ellerbeck, Cheryl Hahn, and Casey L. Brown, "Just Think: The Challenges of the Disengaged Mind," *Science* 345, no. 6 (2014): 75–77, https://doi.org/10.1126/science.1250830.
15. James Gleik, *Genius: The Life and Science of Richard Feynman* (New York: Pantheon, 1992), 230.
16. Richard Feynman, *The Pleasure of Finding Things Out,* ed. Jeffrey Robbins (Cambridge, MA: Perseus Books, 1999), 110.

第12章

1. Dick Leonard, *The Great Rivalry: Gladstone and Disraeli* (London: I. B. Tauris, 2013), 202–203; "Stanley Weintraub: Disraeli: A Biography," *C-SPAN video, 58:56,* February 6, 1994, https://www.c–span.org/video/?54339-1/disraeli-biography.
2. "Angels in the Marble?," *Economist*, September 6, 2001, https://www.economist.com/united-states/2001/09/06/angels-in-the-marble.
3. Charles Derber, *The Pursuit of Attention* (New York: Oxford University Press, 2000).
4. Howard Becker, *Outsiders: Studies in the Sociology of Deviance* (New York: Free Press, 2018).
5. Adam Gopnik, "The Outside Game," *New Yorker,* January 5, 2015, https://www.newyorker.com/magazine/2015/01/12/outside-game.
6. Leonardo Christov-Moore, Elizabeth Simpson, Gino Coudé, Kristina Grigaityte, Marco Iacobonia, and Pier Ferrari, "Empathy: Gender Effects in Brain and Behavior," *Neuroscience & Biobehavioral Reviews* 46, no. 4 (2014): 604–627, https://doi.org/10.1016/j.neubiorev.2014.09.001.

7. David Geary, "Sexual Selection and Human Vulnerability," in *Evolution of Vulnerability* (San Diego: Academic Press, 2015), 11–39, https://doi.org/10.1016/B978-0-12-801562-9.09996-8; Debra Worthington and Margaret Fitch-Hauser, *Listening: Processes, Functions and Competency* (New York: Routledge, 2016), 32–34; Deborah Tannen, *You Just Don't Understand: Women and Men in Conversation* (New York: HarperCollins, 1990).

8. Tara Chaplin and Amelia Aldao, "Gender Differences in Emotion Expression in Children: A Meta-Analytic Review," *Psychological Bulletin* 139, no. 4 (2013): 735–765, https://doi.org/10.1037/a0030737.

9. Megan R. Gunnar and Margaret Donahue, "Sex Differences in Social Responsiveness Between Six Months and Twelve Months," *Child Development* (1980): 262-265, http://dx.doi.org/10.2307/1129619; Gerianne M. Alexander and Teresa Wilcox, "Sex Differences in Early Infancy," *Child Development Perspectives* 6, no. 4 (2012): 400-406, hoops:doi.org/10.1111/j.1750-8606.2012.00247.x; Agneta Fischer, *Gender and Emotion: Social Psychological Perspectives* (Cambridge: Cambridge University Press, 2000).

10. Simon Baron-Cohen, Sarah Cassidy, Bonnie Auyeung, Carrie Allison, Maryam Achoukhi, Sarah Robertson, Alexa Pohl, et al., "Attenuation of Typical Sex Differences in 800 Adults with Autism vs. 3,900 Controls," *PLOS One* 9, no. 7 (2014), https://doi.org/10.1371/journal.pone.0102251.

11. Mélanie Aeschlimann, Jean-François Knebel, Micah M. Murray, and Stephanie Clarke, "Emotional Pre-Eminence of Human Vocalizations," *Brain Topography* 20, no. 4 (2008): 239–248, https://doi.org/10.1007/s10548-008-0051-8.

12. Andrew G. Miner, Theresa M. Glomb, and Charles Hulin, "Experience Sampling Mood and Its Correlates at Work," *Journal of Occupational and Organizational Psychology* 78 (2005): 171–193, https://doi.org/10.1348/096317905X40105.

13. Kyle Benson, "The Magic Relationship Ratio, According to Science," Gottman Institute, October 4, 2017,

https://www.gottman.com/blog/the-magic-relationship-ratio-according-science/.

14. Kelsey Crowe and Emily McDowell, *There Is No Good Card for This: What To Do and Say When Life is Scary, Awful and Unfair to People You Love* (New York: HarperOne, 2017).

15. "Clearness Committees—What They Are and What They Do," Friends General Conference, https://www.fgcquaker.org/resources/clearness-committees-what-they-are–and-what-they-do.

16. Bethany Rittle-Johnson, Megan Saylor, and Kathryn E. Swygert, "Learning from Explaining: Does It Matter If Mom Is Listening?," *Journal of Experimental Child Psychology* 100, no. 3 (2008): 215–224, https://doi.org/10.1016/j.jecp.2007.10.002.

17. Robert M. Krauss, "The Role of the Listener: Addressee Influences on Message Formulation," *Journal of Language and Social Psychology* 6, no. 2 (1987): 81–98, https://doi.org/10.1177/0261927X8700600201; Kate Loewenthal, "The Development of Codes in Public and Private Language," *Psychonomic Science* 8, no. 10 (1967): 449–450, https://doi.org/10.3758/BF03332285.

18. "About Us," Great Conversations, https://www.greatconversations.com/about-us/.

19. Arthur Aron, Edward Melinat, Elaine Aron, Robert Vallone, and Reness Bator, "The Experiental Generation of Interpersonal Closeness: A Procedure and Some Preliminary Findings," *Personality and Social Psychology Bulletin* 23, no. 4 (1997): 363–377, https://doi.org/10.1177/0146167297234003.

20. Mandy Len Catron, "To Fall in Love with Anyone, Do This," *New York Times,* January 9, 2015, https://www.nytimes.com/2015/01/11/fashion/modern-love-to-fall-in-love-with-anyone-do-this.html.

21. Michael Lewis, "How Tom Wolfe Became...Tom Wolfe," *Vanity Fair,* October 8, 2015, https://www.vanityfair.com/culture/2015/10/how-tom-wolfe-became-tom-wolfe; John McPhee, "Omission," *New Yorker,* September 7, 2015, https://www.newyorker.com/magazine/2015/09/14/omission; Neely Tucker, "How Richard Price

Does It: New York Dialogue, Only Better," *Washington Post,* March 1, 2015, https://www.washingtonpost.com/lifestyle/style/how-richard-price-does-it-new–york-dialogue-only-better/2015/03/01/11ad2f04-bdec-11e4-bdfa-b8e8f594e6ee_story.html.

22. Elizabeth Strout, *The Burgess Boys* (New York: Random House, 2014), 160.
23. "Elizabeth Strout, 'Anything Is Possible,' " YouTube video, 55:04, posted by Politics and Prose, May 9, 2017, https://www.youtube.com/watch?v=Y_gDv12z4nQ&feature=youtu.be.

第13章

1. "Elephants Can Hear the Sound of Approaching Clouds," BBC, December 11, 2015, http://www.bbc.com/earth/story/20151115-elephants-can-hear-the-sound-of-approaching-clouds.
2. Lizabeth M. Romanski and Joseph E. LeDoux, "Bilateral Destruction of Neocortical and Perirhinal Projection Targets of the Acoustic Thalamus Does Not Disrupt Auditory Fear Conditioning," *Neuroscience Letters* 142, no. 2 (1992): 228–232, https://doi.org/10.1016/0304-3940(92)90379-L; "The Auditory Cortex" in Neuroscience 2nd Edition, eds. D. Purves, G. J. Augustine, D. Fitzpatrick, et al (Sunderland, MA: Sinauer Associates, 2001), https://www.ncbi.nlm.nih.gov/books/NBK10900/;Gary L. Wenk, *The Brain: What Everyone Needs To Know* (New York: Oxford University Press, 2017), 133–144.
3. Judy Duchan, "Carl Wernicke 1848–1905," History of Speech-Language Pathology, University at Buffalo–SUNY, http://www.acsu.buffalo.edu/~duchan/new_history/hist19c/subpages/wernicke.html; Gertrude H. Eggert, *Wernicke's Works on Aphasia: A Sourcebook and Review: Early Sources in Aphasia and Related Disorders, vol. 1* (The Hague: Mouton Publishers, 1977).
4. C. Tang, L. S. Hamilton, and E. F. Chang, "Intonational Speech Prosody Encoding in the Human Auditory

Cortex," *Science* 357, no. 6353 (2017): 797–801, https://doi.org/10.1126/science.aam8577.

5. Dana Strait, Nina Kraus, Erika Skoe, and Richard Ashley, "Musical Experience and Neural Efficiency-Effects of Training on Subcortical Processing of Vocal Expressions of Emotion," *European Journal of Neuroscience* 29 (2009): 661–668, https://doi.org/10.1111/j.1460–9568.2009.06617.x.
6. Chao-Yang Lee and Tsun-Hui Hung, "Identification of Mandarin Tones by English-Speaking Musicians and Nonmusicians," *The Journal of the Acoustical Society of America* 124, no. 3235 (2008), https://doi.org/10.1121/1.2990713; Céline Marie, Franco Delogu, Giulia Lampis, Marta Olivetti Belardinelli, and Mireille Besson, "Influence of Musical Expertise on Segmental and Tonal Processing in Mandarin Chinese," *Journal of Cognitive Neuroscience* 23, no. 10 (2011): 2701–2715.
7. Yaara Yeshurun, Stephen Swanson, Erez Simony, Janice Chen, Christina Lazaridi, Christopher J. Honey, and Uri Hasson, "Same Story, Different Story: The Neural Representation of Interpretive Frameworks," *Psychological Science* 28, no. 3 (2017): 307–319, https://doi.org/10.1177/0956797616682029.
8. J. D. Salinger, "Pretty Mouth and Green My Eyes," *New Yorker,* July 6, 1951, https://www.newyorker.com/magazine/1951/07/14/pretty-mouth-and-green-my-eyes.
9. M. P. Bryden, "An Overview of the Dichotic Listening Procedure and Its Relation to Cerebral Organization," in *Handbook of Dichotic Listening: Theory, Methods and Research,* ed. K. Hugdahl (Oxford, UK: John Wiley & Sons, 1988), 1–43; Gina Geffen, "The Development of the Right Ear Advantage in Dichotic Listening with Focused Attention," *Cortex* 14, no. 2 (1978): 169–177, https://doi.org/10.1016/S0010-9452(78)80042-2.
10. Abdulrahman D. Alzahrani and Marwan A. Almuhammadi, "Left Ear Advantages in Detecting Emotional Tones Using Dichotic Listening Task in an Arabic Sample," *Laterality: Asymmetries of Body, Brain and Cognition* 18, no. 6 (2013): 730–747, https://doi.org/10.1080/1357650X.2012.762373; Teow-Chong Sim and

Carolyn Martinez, "Emotion words are remembered better in the left ear." *Laterality: Asymmetries of Body, Brain and Cognition* 10, no. 2 (2005): 149—159, https://doi.org/10.1080/13576500342000365.

11. Lise Van der Haegen, René Westerhausen, Kenneth Hugdahl, and Marc Brysbaert "Speech Dominance Is a Better Predictor of Functional Brain Asymmetry Than Handedness: A Combined fMRI Word Generation and Behavioral Dichotic Listening Study," *Neuropsychologia* 51, no. 1 (2013): 91–97, https://doi.org/10.1016/j.neuropsychologia.2012.11.002.
12. James Jerger, "The Remarkable History of Right-Ear Advantage," *Hearing Review* 25, no. 1 (2018): 12–16, http://www.hearingreview.com/2017/12/remarkable-history-right-ear-advantage.
13. Daniele Marzoli and Luca Tommasi, "Side Biases in Humans (Homo sapiens): Three Ecological Studies on Hemispheric Asymmetries," *Naturwissenschaften* 96, no. 9 (2009): 1099–1106, https://doi.org/10.1007/s00114-009-0571-4.
14. Seth Horowitz, *The Universal Sense: How Hearing Shapes the Mind* (New York: Bloomsbury, 2012), 14.
15. John Carey and Nivee Arnin, "Evolutionary Changes in the Cochlea and Labyrinth: Solving the Problem of Sound Transmission to the Balance Organs of the Inner Ear," *Anatomical Record Part A: Discoveries in Molecular, Cellular, and Evolutionary Biology* 288A, no. 4 (2006), https://doi.org/10.1002/ar.a.20306.
16. Horowitz, *Universal Sense,* 75.
17. Cassie Shortsleeve, "Why It Feels So Damn Good to Stick a Q-tip in Your Ear," *Men's Health,* March 7, 2017, https://www.menshealth.com/health/a19542654/why-sticking-qtips-in-ear-feels-so-good/.
18. Having an EARGASM by Cleaning Your Ears with a Q-tip," Facebook page, https://www.facebook.com/Having–an-EARGASM-by-cleaning-your-ears-with-a-Q-tip-270935093839/.
19. Chonnettia Jones and Ping Chen, "Chapter Eight Primary Cilia in Planar Cell Polarity Regulation of the Inner

Ear," *Current Topics in Developmental Biology* 85 (2008): 197–224, https://doi.org/10.1016/S0070-2153(08)00808-9; William Yost, *Fundamentals of Hearing,* 5th ed. (Burlington, MA: Academic Press, 2001): 73–95.

20. Trevor Mcgill and Harold F. Schuknecht, "Human Cochlear Changes in Noise Induced Hearing Loss," *Laryngoscope* 86, no. 9 (1976), https://doi.org/10.1288/00005537-197609000-00001.
21. "Decibel Exposure Time Guidelines," Dangerous Decibels, http://dangerousdecibels.org/education/information-center/decibel-exposure-time-guidelines/; "Occupational Noise Exposure Revised Criteria 1998," Centers for Disease Control and Prevention, National Institute for Occupational Safety and Health, https://www.cdc.gov/niosh/docs/98-126/pdfs/98-126.pdf?id=10.26616/NIOSHPUB98126.
22. "1.1 Billion People at Risk of Hearing Loss," February 27, 2015, World Health Organization, https://www.who.int/mediacentre/news/releases/2015/ear-care/en/.
23. "Statistics and Facts About Hearing Loss," Center for Hearing and Communication, http://chchearing.org/facts-about-hearing-loss/.
24. "12 Myths About Hearing Loss," AARP, https://www.aarp.org/health/conditions-treatments/info-2016/hearing-loss-myths-information-kb.html.
25. "Worker Hearing Loss," Centers for Disease Control and Prevention, https://www.cdc.gov/features/worker-hearing-loss/index.html.
26. A. R. Powers, C. Mathys, and P. R. Corlett, "Pavlovian Conditioning–Induced Hallucinations Result from Overweighting of Perceptual Priors," *Science* 357, no. 6351 (2017): 596–600, https://doi.org/10.1126/science.aan3458.C.E.Seashore, "Measurements of Illusions and Hallucinations in Normal Life," *Studies from the Yale Psychological Laboratory,* 3 (1895); D. G. Ellson, "Hallucinations Produced by Sensory Conditioning," *Journal*

of Experimental Psychology 28, no. 1 (1941): 1–20, http://dx.doi.org/10.1037/h0054167; H. V. Helmholz, *Treatise on Physiological Optics, vol. 3* (New York: Dover, 1962); "Researchers Explore What Happens When People Hear Voices That Others Don't," *Yale News,* August 10, 2017, https://news.yale.edu/2017/08/10/researchers-explore-what-happens-when-people-hear–voices-others-dont.

27. Oliver Sacks, "Mishearings," *New York Times,* June 5, 2015, https://www.nytimes.com/2015/06/07/opinion/oliver–sacks-mishearings.html.
28. Sylvia Wright, "The Death of Lady Mondegreen," in *Get Away from Me with Those Christmas Gifts* (New York: McGraw Hill, 1957).
29. Kaisa Tippana, "What Is the McGurk Effect?," *Frontiers in Psychology* 5, no. 725 (2014), https://doi.org/10.3389/fpsyg.2014.00725. See also: "Try The McGurk Effect!-Horizon: Is Seeing Believing?," YouTube video, 3:25, posted by BBC, November 10, 2010, https://www.youtube.com/watch?v=G-lN8vWm3m0.
30. Andrea Ciorba, Chiara Bianchini, Stefano Pelucchi, and Antonio Pastore, "The Impact of Hearing Loss on the Quality of Life of Elderly Adults," *Clinical Interventions in Aging* 7 (2017): 159–163, https://doi.org/10.2147/CIA.S26059; "Hearing Loss Impact," Cleveland Clinic, https://my.clevelandclinic.org/health/diseases/17052–hearing-loss-impact; Mary Kaland and Kate Salvatore, "The Psychology of Hearing Loss," *ASHA Leader,* March 1, 2002, https://doi.org/10.1044/leader.FTR1.07052002.4.
31. "Make Listening Safe," World Health Organization, https://www.who.int/pbd/deafness/activities/1706-PBD-leaftlet_A4-English-lowres-for-web170215.pdf.
32. Daniel F. McCarter, Angela Courtney, Susan M Pollart, "Cerumen Impaction," *American Family Physician* 75, no. 10 (2007): 1523–1528.
33. Ruth Campbell, "The Processing of Audio-Visual Speech: Empirical and Neural Bases," *Philosophical*

Transactions of the Royal Society B 363, no. 1493 (2008): 1001–1010, https://doi.org/10.1098/rstb.2007.2155.

34. Paul Johns, *Clinical Neuroscience* (London: Churchill Livingston, 2014), 27–47.

35. Horst M. Müller, "Neurobiological Aspects of Meaning Constitution During Language Processing," in *Situated Communication,* eds. Gert Rickheit and Ipke Wachsmuth (New York: Mouton de Gruyter, 2006), 243; David Owen, "High-Tech Hope for the Hard of Hearing," *New Yorker*, March 27, 2017, https://www.newyorker.com/magazine/2017/04/03/high-tech-hope-for-the-hard-of-hearing.

36. Albert Mehrabian, *Silent Messages: Implicit Communication of Emotions and Attitudes* (Belmont, CA: Wadsworth Publishing, 1981), 75–80; Dilip Sundaram and Cynthia Webster, "The Role of Nonverbal Communication in Service Encounters," *Journal of Services Marketing* 14, no. 5 (2000): 378–391, https://doi.org/10.1108/08876040010341008; Cynthia Barnum and Natasha Wolniansky, "Taking Cues from Body Language," *Management Review* 78, no. 6 (1989): 59–61; Jon E. Grahe and Frank J. Bernieri, "The Importance of Nonverbal Cues in Judging Rapport," *Journal of Nonverbal Behavior* 23, no. 4 (1999): 253–269, https://doi.org/10.1023/A:1021698725361.

37. John O'Neill, *The Domestic Economy of the Soul: Freud's Five Case Studies* (Thousand Oaks, CA: Sage, 2011), 67.

38. Irenaus Eibl-Eibesfeldt, *Love and Hate: A Natural History of Behavior Patterns (Foundations of Human Behavior),* 1st ed. (New York: Routledge, 2017); Charles Darwin, *The Expression of the Emotions in Man and Animals* (New York: Oxford University Press, 1998).

39. C. Fabian Benitez-Quiroz, Ronnie B. Wilbur, and Aleix M. Martinez, "The Not Face: A Grammaticalization of Facial Expressions of Emotion," *Cognition* 150 (2016): 77–84, https://doi.org/10.1016/j.cognition.2016.02.

004.

40. Alice Schermerhorn, "Associations of Child Emotion Recognition with Interparental Conflict and Shy Child Temperament Traits," *Journal of Social and Personal Relationships* (2018), https://doi.org/10.1177/0265407518762606.

41. Kyung-Seu Cho and Jae-Moo Lee, "Influence of Smartphone Addiction Proneness of Young Children on Problematic Behaviors and Emotional Intelligence: Mediating Self-Assessment Effects of Parents Using Smartphones," *Computers in Human Behavior* 66 (2017): 303–311, https://doi.org/10.1016/j.chb.2016.09.063; Elisabeth Engelberg and Lennart Sjöberg, "Internet Use, Social Skills, and Adjustment," *Cyberpsychology & Behavior* 7, no. 1 (2004): 41–47, https://doi.org/10.1089/109493104322820101.

42. Yalda T. Uhls, Minas Michikyan, Jordan Morris, Debra Garcia, Gary W. Small, Eleni Zgourou, and Patricia M. Greenfield, "Five Days at Outdoor Education Camp Without Screens Improves Preteen Skills with Nonverbal Emotion Cues," *Computers in Human Behavior* 39 (2014): 387–392, https://doi.org/10.1016/j.chb.2014.05.036.

43. Carlos Benitez-Quiroz, Ramprakash Srinivasan, and Aleix M. Martinez, "Facial Color Is an Efficient Mechanism to Visually Transmit Emotion," *Proceedings of the National Academy of Sciences* 115, no. 14 (2018): 3581–3586, https://doi.org/10.1073/pnas.1716084115.

44. Mehrabian, *Silent Messages,* 75–80.

45. Sascha Segan, "How to Make Your Cell Phone Calls Sound Better," *PC Magazine,* April 13, 2018, https://www.pcmag.com/article/360357/how-to-make-your-cell-phone-calls-sound-better.

第14章

1. Jon E. Grant and Samuel R. Chamberlain, "Expanding the Definition of Addiction: DSM-5 vs. ICD-11," *CNS Spectrums* 21, no. 4 (2016): 300–303, https://doi.org/10.1017/S1092852916000183.
2. Rebecca McMillan, Scott Barry Kaufman, and Jerome L. Singer, "Ode to Positive Constructive Daydreaming," *Frontiers in Psychology* 4 (2013): 626, https://doi.org/10.3389/fpsyg.2013.00626; Claire Zedelius and Jonathan Schooler, "The Richness of Inner Experience: Relating Styles of Daydreaming to Creative Processes," *Frontiers in Psychology* 6 (2016): 2063, https://doi.org/10.3389/fpsyg.2015.02063; Christopher R. Long and James R. Averill, "Solitude: An Exploration of Benefits of Being Alone," *Journal for the Theory of Social Behaviour* 33, no. 1 (2003): 21–44, https://doi.org/10.1111/1468-5914.00204; Samantha Boardman, "Why Doing Nothing Is So Scary—And So Important," *Wall Street Journal,* June 20, 2016, https://blogs.wsj.com/experts/2016/06/20/why-doing-nothing-is-so-scary-and-so-important/.
3. Maria Popova, "The Art of Constructive Daydreaming," *Brainpickings,* October 9, 2013, https://www.brainpickings.org/2013/10/09/mind-wandering-and-creativity/.
4. Ingrid Wickelgren, "Delivered in a Daydream: 7 Great Achievements That Arose from a Wandering Mind," *Scientific American,* February 17, 2011, https://www.scientificamerican.com/article/achievements-of-wandering-minds/.
5. "Microsoft Attention Spans Research Report," Scribd, https://www.scribd.com/document/265348695/Microsoft–Attention-Spans-Research-Report.
6. Simon Maybin, "Busting the Attention Span Myth," *BBC World Service,* March 10, 2017, https://www.bbc.com/news/health-38896790.
7. Shawn Lim, " 'We Have to Focus on the Data': Adobe on the Industry's Short Attention Span," *The Drum,*

March 8, 2019, https://www.thedrum.com/news/2019/03/08/we-have–focus-the-data-adobe-the-industrys-short-attention-span; Milana Saric, "How Brands Can Still Win Over Customers as Attention Spans Decrease on Social," *AdWeek,* November 21, 2017, https://www.adweek.com/brand-marketing/how-brands-can-still-win-over-customers-as-attention–spans-decrease-on-social/; Michelle Castillo, "Millennials Only Have a 5-Second Attention Span for Ads, Says comScore CEO," *CNBC*, July 21, 2017, https://www.cnbc.com/2017/07/21/comscore-ceo-millennials-need-5-to-6–second-ads-to-hold-attention.html.

8. Chartbeat proprietary data.

9. Louise Ridley, "People Swap Devices 21 Times an Hour, Says OMD," *Campaign,* January 3, 2014, https://www.campaignlive.co.uk/article/people-swap-devices-21-times-hour-says-omd/1225960?src_site=brandrepublic.

10. Tim Wu, *The Attention Merchants: The Epic Scramble to Get Inside Our Heads* (New York: Alfred A. Knopf, 2016); Nir Eyal, *Hooked: How to Build Habit-Forming Products*, ed. Ryan Hoover (New York: Portfolio/Penguin, 2014); Henry Farrell, "It's No Accident Facebook Is So Addictive," *Washington Post,* August 6, 2018, https://www.washingtonpost.com/news/monkey-cage/wp/2018/08/06/its-no-accident-that-facebook-is-so-addictive/; "Why Can't We Put Down Our Smartphones?," *60 Minutes,* April 7, 2017, https://www.cbsnews.com/news/why-cant-we-put-down-our-smartphones-60-minutes/.

11. Kate Murphy, "The Ad-Blocking Wars," *The New York Times*, February 20, 2016, https://www.nytimes.com/2016/02/21/opinion/sunday/the-ad-blocking-wars.html; George P. Slefo, "Six Leading Exchanges Sign Transparency Pact, But Fraud Concerns Remain," *AdAge*, October 18, 2018, https://adage.com/article/digital/exchanges-sign-letter-invite-fraudsters/315308.

12. Debra Worthington and Margaret Fitch-Hauser, *Listening: Processes, Functions and Competency* (New York:

Routledge, 2016), 4–5.

13. Megan Garber, "The Rise of 'Speed-Listening,' " *Atlantic,* June 24, 2015, https://www.theatlantic.com/technology/archive/2015/06/the-rise-of-speed-listening/396740/.

14. Judi Brownell, *Listening: Attitudes, Principles, and Skills* (New York: Routledge, 2018), 90.

15. Andrew Przybylski and Netta Weinstein, "Can You Connect with Me Now? How the Presence of Mobile Communication Technology Influences Face-to-Face Conversation Quality," *Journal of Social and Personal Relationships* 30, no. 3 (2013): 237–246, https://doi.org/10.1177/0265407512453827.

16. Amy Novotney, "Smartphone = Not-So-Smart Parenting?," *American Psychology Association* 47, no. 2 (2016), https://www.apa.org/monitor/2016/02/smartphone.

17. "Noise Level in Restaurants," National Institute on Deafness and Other Communication Disorders, July 22, 2016, https://www.noisyplanet.nidcd.nih.gov/have-you-heard/noise-levels-restaurants; Tiffany Hsu, "Noisy Restaurants: Taking the Din Out of Dinner," *Los Angeles Times,* June 8, 2012, https://www.latimes.com/food/la-xpm–2012-jun-08-la-fi-restaurant-noise-20120504-story.html; Jill Lightner, "Yup, Seattle's Restaurants Have Gotten Noisier: How to Reverse This Trend? We're All Ears," *Seattle Times,* February 26, 2019, https://www.seattletimes.com/life/food-drink/your-suspicions-are-right-seattle-restaurants–are-getting-noisier-how-to-reverse-this-trend-were-all-ears/; Julia Beliuz, "Why Restaurants Became So Loud—And How to Fight Back," *Vox,* July 27, 2018, https://www.vox.com/2018/4/18/17168504/restaurants-noise-levels-loud-decibels; Kate Wagner, "How Restaurants Got So Loud," *Atlantic,* November 27, 2018, https://www.theatlantic.com/technology/archive/2018/11/how-restaurants-got-so-loud/576715/; Jonathan Kauffman, "Are San Francisco Restaurants Too Loud? A New App Helps Diners Navigate the Noise," *San Francisco Chronicle,* December 21, 2018, https://www.sfchronicle.com/restaurants/article/sf-restaurants-quictest-lord-app-soundprint-which-

134759280php.

18. "Zagat Releases 2018 Dining Trends Survey," *Zagat* (blog), January 8, 2018, https://zagat.googleblog.com/2018/01/zagat-releases-2018-dining-trends-survey.html.

19. Nanette Stroebele and John M. De Castro, "Effect of Ambience on Food Intake and Food Choice," *Nutrition* 20, no. 9 (2004): 821–838, https://doi.org/10.1016/j.nut.2004.05.012; Thomas Roballey, Colleen McGreevy, Richard R. Rongo, Michelle L. Schwantes, Peter J. Steger, Marie Wininger, and Elizabeth Gardner, "The Effect of Music on Eating Behavior," *Bulletin of the Psychonomic Society* 23, no. 3 (1985): 221–222, https://doi.org/10.3758/BF03329832; Dipayan Biswas, Kaisa Lund, and Courtney Szocs, "Sounds Like a Healthy Retail Atmospheric Strategy: Effects of Ambient Music and Background Noise on Food Sales," *Journal of the Academy of Marketing Science* 47, no. 1 (2019): 37–55, https://doi.org/10.1007/s11747-018-0583-8.

20. Richard Yalch and Eric Spangenberg, "Effects of Store Music on Shopping Behavior," *Journal of Consumer Marketing* 7, no. 2 (1990): 55–63, https://doi.org/10.1108/EUM0000000002577; Emily Anthes, "Outside In: It's So Loud, I Can't Hear My Budget!," *Psychology Today,* June 9, 2016, https://www.psychologytoday.com/us/articles/201009/outside-in-its–so-loud-i-cant-hear-my-budget; Charlotte Kemp, "Why are High Street shops so NOISY? As M&S Bans Muzak, Our Test Shows Other Stores Are Nearly as Deafening as Nightclubs," *Daily Mail,* June 2, 2016, https://www.dailymail.co.uk/femail/article-3620719/Why-High-Street-shops-NOISY-M-S-bans–Muzak-test-shows-stores-nearly-deafening-nightclubs.html; Richard F. Yalch and Eric Spangenberg, "Using Store Music for Retail Zoning: A Field Experiment," in *NA—Advances in Consumer Research, vol. 20*, ed. Leigh McAlister and Michael L. Rothschild (Provo, UT: Association for Consumer Research, 1993), 632–636.

21. Dominique Lamy, Liad Mudrik, and Leon Y. Deouell, "Unconscious Auditory Information Can Prime Visual

Word Processing: A Process-Dissociation Procedure Study," *Consciousness and Cognition* 17, no. 3 (2008): 688–698, https://doi.org/10.1016/j.concog.2007.11.001; Christine Rosen, "The Myth of Multitasking," *New Atlantis* 20 (2008): 105–110; Loukia Loukopoulos, R. Key Dismukes, and Immanuel Barshi, *The Multitasking Myth: Handling Complexity in Real-World Operations* (New London: Routledge, 2016).

22. Daniel Kahneman, *Thinking Fast and Slow* (New York: Farrar, Straus and Giroux, 2011), 23.

23. Sharon Fruh, Jayne A. Fulkerson, Madhuri S. Mulekar, Lee Ann J. Kendrick, and Clista Clanton, "The Surprising Benefits of the Family Meal," *Journal for Nurse Practitioners* 7, no. 1 (2011): 18–22, https://doi.org/10.1016/j.nurpra.2010.04.017; Megan Harrison, Mark L. Norris, Nicole Obeid, Maeghan Fu, Hannah Weinstangel, and Margaret Sampson, "Systematic Review of the Effects of Family Meal Frequency on Psychosocial Outcomes in Youth," *Canadian Family Physician* 61, no. 2 (2015): e96–e106; https://www.cfp.ca/content/61/2/e96; Barbara Fiese and Marlene Schwartz, "Reclaiming the Family Table: Mealtimes and Child Health and Wellbeing," *Social Policy Report* 22, no. 4 (2008). https://doi.org/10.1002/j.2379-3988.1008.tb00057.x.

24. Eudora Welty and Ronald Sharp, eds., *Norton Book of Friendship* (New York: W. W. Norton, 1991).

25. "Dallas Police Chief Holds a News Conference," CNN, July 11, 2016, http://transcripts.cnn.com/TRANSCRIPTS/1607/11/ath.02.html; "David Brown Press Conference on July 11, 2016," YouTube video, 49:16, posted by "brimi925," July 13, 2016, https://www.youtube.com/watch?v=p-uYQIMpIn4.

26. " 'Called to Rise': Dallas Police Chief on Overcoming Racial Division," *All Things Considered,* NPR, June 6, 2017, https://www.npr.org/2017/06/06/531787065/called-to-rise-dallas-police-chief–on-overcoming-racial-division.

第15章

1. Stephen Levinson and Francisco Torreira, "Timing in Turn-Taking and Its Implications for Processing Models of Language," *Frontiers in Psychology* 6 (2015): 731, https://doi.org/10.3389/fpsyg.2015.00731.
2. Jan Peter De Ruiter, Holger Mitterer, and Nick J. Enfield, "Projecting the End of a Speaker's Turn: A Cognitive Cornerstone of Conversation," *Language* 82, no. 3 (2006): 515–535, https://doi.org/10.1353/lan.2006.0130; Carina Riest, Annett B. Jorschick, and Jan P. de Ruiter, "Anticipation in Turn-Taking: Mechanisms and Information Sources," *Frontiers in Psychology* 6 (2015): 89, https://doi.org/10.3389/fpsyg.2015.00089.
3. Takie Sugiyama Lebra, "The Cultural Significance of Silence in Japanese Communication," *Multilingua: Journal of Cross-Cultural and Inter-language Communication* 6, no. 4 (1987): 343–358, https://doi.org/10.1515/mult.1987.6.4.343.
4. Haru Yamada, "Yappari, as I Thought: Listener Talk in Japanese Communication," *Global Advances in Business Communication* 4, no. 1 (2015): 3, https://commons.emich.edu/gabc/vol4/iss1/3.
5. Sachiko Ohtaki, Toshio Ohtaki, and Michael D. Fetters, "Doctor-Patient Communication: A Comparison of the USA and Japan," *Family Practice* 20, no. 3 (2003): 276–282, https://doi.org/10.1093/fampra/cmg308.
6. Larry Samovar, Edwin R. McDaniel, Richard E. Porter, and Carolyn Sexton Roy, *Communication Between Cultures* (Ontario, Canada: Nelson Education, 2015), 334.
7. Diana Petkova, "Beyond Silence: A Cross-Cultural Comparison Between Finnish 'Quietude' and Japanese 'Tranquility,' " *Eastern Academic Journal* 4 (2015): 1–14; https://www.academia.edu/19764499/Beyond_Silence._A_Cross-Cultural_Comparison_between_Finnish_Quietude_ and_Japanese_Tranquility; Donal Carbaugh, Michael Berry, and Marjatta Nurmikari-Berry, "Coding Personhood Through Cultural Terms and Practices: Silence and Quietude as a Finnish 'Natural Way of Being,' " *Journal of Language and Social*

Psychology 25, no. 3 (2006): 203–220, https://doi.org/10.1177/0261927X06289422.

8. Namkje Koudenburg, Tom Postmes, and Ernestine H. Gordijn, "Conversational Flow Promotes Solidarity," *PLOS One* 8, no. 11 (2013): e78363, https://doi.org/10.1371/journal.pone.0078363.
9. Namkje Koudenburg, Tom Postmes, and Ernestine H. Gordijn. "Beyond Content of Conversation: The Role of Conversational Form in the Emergence and Regulation of Social Structure," *Personality and Social Psychology Review* 21, no. 1 (2017): 50–71, https://doi.org/10.1177/1088868315626022.
10. Felcia Roberts, Alexander L. Francis, and Melanie Morgan, "The Interaction of Inter-Turn Silence with Prosodic Cues in Listener Perceptions of 'Trouble' in Conversation," *Speech Communication* 48, no. 9 (2006): 1079–1093, https://doi.org/10.1016/j.specom.2006.02.001.
11. Namkje Koudenburg, Tom Postmes, and Ernestine H. Gordijn, "Resounding Silences: Subtle Norm Regulation in Everyday Interactions," *Social Psychology Quarterly* 76, no. 3 (2013): 224–241, https://doi.org/10.1177/0190272513496794.
12. Kim Scott, *Radical Candor* (New York: St. Martin's Press, 2017), 83.
13. Namkje Koudenburg, Tom Postmes, and Ernestine H. Gordijn, "Disrupting the Flow: How Brief Silences in Group Conversations Affect Social Needs," *Journal of Experimental Social Psychology* 47, no. 2 (2011): 512–515, https://doi.org/10.1016/j.jesp.2010.12.006.
14. Gustav Mahler himself in Netherlands (1903, 1904, 1906, 1909 and 1910)," Mahler Foundation Archive, https://mahlerfoundation.info/index.php/plaatsen/241-netherlands/amsterdam/1511-gustave-malher-himself-in-amsterdam.
15. Theodor Reik, *Listening with the Third Ear* (New York: Farrar, Straus and Giroux, 1948), 121–127.
16. R. Murray Schafer, *Ear Cleaning: Notes for an Experimental Music Course* (Toronto, Canada: Clark &

Cruickshank, 1967).

第16章

1. Robin Dunbar, "Gossip in Evolutionary Perspective," *Review of General Psychology* 8, no. 2 (2004): 100–110, https://doi.org/10.1037/1089-2680.8.2.100; Nicholas Emler, "Gossip, Reputation, and Social Adaptation," in *Good Gossip,* ed. R. F. Goodman and A. Ben-Ze'ev (Lawrence, KS: University Press of Kansas, 1994), 117–138. Viatcheslav Wlassoff, "This Is Your Brain on Gossip," PsychCentral, July 11, 2018, https://psychcentral.com/blog/this-is-your-brain-on-gossip/; Freda-Marie Hartung, Constanze Krohn, and Marie Pirschtat. "Better Than Its Reputation? Gossip and the Reasons Why We and Individuals with 'Dark' Personalities Talk About Others." *Frontiers in Psychology* 10 (2019): 1162, https:// doi.org/10.3389/fpsyg.2019.01162.
2. Eyal Eckhaus and Batia Ben-Hador, "Gossip and Gender Differences: A Content Analysis Approach," *Journal of Gender Studies* 28, no. 1 (2019): 97–108, https://doi.org/10.1080/09589236.2017.1411789.
3. Jan Engelmann, Esther Herrmann, and Michael Tomasello, "Preschoolers Affect Others' Reputations Through Prosocial Gossip," *British Journal of Developmental Psychology* 34, no. 3 (2016): 447–460, https://doi.org/10.1111/bjdp.12143.
4. Marianee Jaeger, Anne A. Skleder, Bruce Rind, and Ralph L. Rosnow, "Gossip, Gossipers, Gossipees," in *Good Gossip,* ed. R. F. Goodman and A. Ben-Ze'ev (Lawrence, KS: University Press of Kansas, 1994); Jordan Litman and Mark V. Pezzo, "Individual Differences in Attitudes Towards Gossip," *Personality and Individual Differences* 38, no. 4 (2005): 963–980, https://doi.org/10.1016/j.paid.2004.09.003; Francis McAndrew, Emily K. Bell, and Contitta Maria Garcia, "Who Do We Tell and Whom Do We Tell On? Gossip

as a Strategy for Status Enhancement," *Journal of Applied Social Psychology* 37, no. 7 (2007): 1562–1577, https://doi.org/10.1111/j.1559-1816.2007.00227.x.

5. Elena Martinescu, Onne Janssen, and Bernard A. Nijstad, "Tell Me the Gossip: The Self-Evaluative Function of Receiving Gossip About Others," *Personality and Social Psychology Bulletin* 40, no. 12 (2014): 1668–1680, https://doi.org/10.1177/0146167214554916.

6. Roy Baumeister, Liqing Zhang, and Kathleen D. Vohs, "Gossip as Cultural Learning," *Review of General Psychology* 8, no. 2 (2004): 111–121, https://doi.org/10.1037/1089-2680.8.2.111.

7. Matthew Feinberg, Robb Willer, and Michael Schultz, "Gossip and Ostracism Promote Cooperation in Groups," *Psychological Science* 25, no. 3 (2014): 656–664, https://doi.org/10.1177/0956797613510184.

8. Miguel Fonseca and Kim Peters, "Will Any Gossip Do? Gossip Does Not Need to Be Perfectly Accurate to Promote Trust," *Games and Economic Behavior* 107 (2018): 253–281, https://doi.org/10.1016/j.geb.2017.09.015.

9. Baumeister et al., "Gossip as Cultural Learning."

10. Robin Dunbar, Anna Marriott, and Neil Duncan, "Human Conversational Behavior," *Human Nature* 8, no. 3 (1997): 231–246, https://doi.org/10.1007/BF02912493.

11. Robin Dunbar, *Grooming, Gossip, and the Evolution of Language* (Cambridge, MA: Harvard University Press, 1998).

12. Robin Dunbar and Daniel Nettle, "Size and Structure of Freely Forming Conversational Groups," *Human Nature* 6, no. 1 (1995): 67–78, https://doi.org/10.1007/BF02734136.

13. Frederico Boffa and Stefano Castriota, "The Economics of Gossip and Collective Reputation," *The Oxford Handbook of Gossip and Reputation* (2019): 401, https://www.doi.org/10.1093/oxfordhb/9780190494087.

013.21; Ronald Burt and Marc Knez, "Trust and Third-Party Gossip," in *Trust in Organizations: Frontiers of Theory and Research*, eds. Roderick Kramer and Tom Tyler (Thousand Oaks, CA: Sage,1996), 68–89; Ronald Burt, "Bandwidth and Echo: Trust, Information, and Gossip in Social Networks," in *Networks and Markets: Contributions from Economics and Sociology*, eds. A. Casella and J. E. Rauch (New York: Russell Sage Foundation, 2001), 30–74; Charlotte De Backer and Michael Gurven, "Whispering Down the Lane: The Economics of Vicarious Information Transfer," *Adaptive Behavior* 14, no. 3 (2006): 249–264, https://doi.org/10.1177/105971230601400303.

14. Peter Blau, *Exchange and Power in Social Life* (New York: Routledge, 2017).
15. Bettina Bergo, "Emmanuel Levinas," *Stanford Encyclopedia of Philosophy,* fall 2017, ed. Edward N. Zalta, https://plato.stanford.edu/archives/fall2017/entries/levinas/.
16. Michael Tomasello, *A Natural History of Human Morality* (Cambridge, MA: Harvard University Press, 2016).
17. Pascal Bruckner, *The Temptation of Innocence: Living in the Age of Entitlement* (New York: Algora Publishing, 2000), 19.
18. Deborah Solomon, "The Science of Second-Guessing," *New York Times,* December 12, 2004, https://www.nytimes.com/2004/12/12/magazine/the-science-of-secondguessing.html.
19. Mike Morrison, Kai Epstude, and Neal J. Roese, "Life Regrets and the Need to Belong," *Social Psychological and Personality Science* 3, no. 6 (2012): 675–681, https://doi.org/10.1177/1948550611435137.
20. Amy Summerville, "The Rush of Regret: A Longitudinal Analysis of Naturalistic Regrets," *Social Psychological and Personality Science* 2, no. 6 (2011): 627–634, https://doi.org/10.1177/1948550611405072.
21. Susan Shimanoff, "Commonly Named Emotions in Everyday Conversations," *Perceptual and Motor Skills*

58, no. 2 (1984): 514, http://dx.doi.org/10.2466/pms.1984.58.2.514; Susan Shimanoff, "Expressing Emotions in Words: Verbal Patterns of Interaction," *Journal of Communication* 35, no. 3 (1985), http://dx.doi.org/10.1111/j.1460-2466.1985.tb02445.x.

第17章

1. Kate Murphy, "The Fake Laugh," *New York Times,* October 20, 2016. https://www.nytimes.com/2016/10/23/opinion/sunday/the-science-of-the-fake-laugh.html.
2. George Eliot, *Middlemarch* (New York: Harper & Brothers, 1873), 70.
3. H. Paul Grice, *Studies in the Way of Words* (Cambridge, MA: Harvard University Press, 1991); H. Paul Grice, "Logic and Conversation," in *Speech Acts,* ed. P. Cole and J. L. Morgan (New York: Academic Press, 1975), 41–58.
4. Geoffrey Leech, *Principles of Pragmatics* (New York: Routledge, 2016); Penelope Brown and Stephen C. Levinson, *Politeness: Some Universals in Language Usage,* vol. 4 (Cambridge, UK: Cambridge University press, 1987).
5. Kate Murphy, "Why Tech Support Is (Purposely) Unbearable," New York Times, July 3, 2016, https://www.nytimes.com/2016/07/04/technology/why-tech-support-is-purposely-unbearable.html.
6. Ralph Waldo Emerson, *The Collected Works of Ralph Waldo Emerson: Society and Solitude* (Cambridge, MA: Belknap Press, 2007), 150.
7. Thomas Fuchs and Hanne De Jaegher, "Enactive Intersubjectivity: Participatory Sense-Making and Mutual Incorporation," *Phenomenology and the Cognitive Sciences* 8, no. 4 (2009): 465–486, https://doi.org/10.1007/s11097-009-9136-4; Alex Pentland, "Social Dynamics: Signals and Behavior," in *Proceedings of the Third*

International Conference on Developmental Learning (ICDL'04), Salk Institute, San Diego, UCSD Institute for Neural Computation (2004): 263–267.

8. Robert Zajonc, "Feeling and Thinking: Preferences Need No Inferences," *American Psychologist* 35, no. 2 (1980): 151, http://dx.doi.org/10.1037/0003-066X.35.2.151.
9. Alexander Nehamas, *On Friendship* (New York: Basic Books, 2016).
10. Amy Bloom, *Love Invents Us* (New York: Vintage, 1998), 205.
11. Sandra Petronio and Wesley T. Durham, "Communication Privacy Management Theory Significance for Interpersonal Communication," in *Engaging Theories in Interpersonal Communication: Multiple Perspectives,* ed. Dawn Braithwaite and Paul Schrodt (Thousand Oaks, CA: Sage, 2014), 335–347; Sandra Petronio and Jennifer Reierson, "Regulating the Privacy of Confidentiality: Grasping the Complexities Through Communication Privacy Management Theory," in *Uncertainty, Information Management, and Disclosure Decisions: Theories and Applications,* ed. T. A. Afifi and W. A. Afifi (New York: Routledge, 2009), 365–383; Lindsey Susan Aloia, "The Emotional, Behavioral, and Cognitive Experience of Boundary Turbulence," *Communication Studies* 69, no. 2 (2018): 180–195, https://doi.org/10.1080/10510974.2018.1426617.
12. Tara Collins and Omri Gillath, "Attachment, Breakup Strategies, and Associated Outcomes: The Effects of Security Enhancement on the Selection of Breakup Strategies," *Journal of Research in Personality* 46, no. 2 (2012): 210–222, https://doi.org/10.1016/j.jrp.2012.01.008.

結語

1. Jean Piaget, *Language and Thought of the Child: Selected Works,* trans. Marjorie and Ruth Gabain (New York: Routledge, 2002), 1–30.

2. Henry David Thoreau, “Life Without Principle,” American Studies Collection, University of Virginia, http://xroads.virginia.edu/~hyper2/thoreau/life.html.

國家圖書館出版品預行編目資料

你都沒在聽：科技讓交談愈來愈容易，人卻愈來愈不會聆聽。聆聽不但給別人慰藉，也給自己出路／凱特・墨菲（Kate Murphy）著；謝佩妏譯. -- 初版. -- 臺北市：大塊文化, 2020.10
272面；14.8×20公分. --（smile；170）
譯自：You're not listening: what you're missing and why it matters
ISBN 978-986-5549-11-4（平裝）

1. 傾聽 2. 溝通技巧 3. 人際關係

177.1 109013240

L O C U S

LOCUS

LOCUS

LOCUS